세계 최초로 공개되는
황충 재앙의 고통

두 번의 뇌출혈을 통하여 말씀하신 황충 재앙의 고통

서 문 : 이 책은 제가 돌 맞아 죽을 각오하고 쓰는 책입니다

저는 풋살을 하던 중, 갑자기 무게 중심을 잃고 뒤로 넘어져서 뒷머리가 '꽝'하고 땅에 부딪혔습니다. 당시에는 아무 이상 없었으나 1주일 후 머리가 무겁고, 아프고, 속에서 울렁거리는 증상이 나타났습니다. 그래서 급히 병원에 가서 뇌 CT를 찍어보니 뇌출혈이었고, 즉시 중환자실로 입원하여 치료받기 시작했습니다.

그런데 치료를 받던 중 아무도 모르게 뇌혈관의 다른 부분이 또 터져서 2차 뇌출혈이 발생했습니다. 2차 출혈이 발생하자, 1차 출혈과 다르게, 바늘로 머리를 '콕콕' 찌르는 듯한 극심한 고통이 왔습니다. 그 고통은 밤이고, 낮이고, 온종일 계속되었고, 모든 신경이 그 고통에 집중되어 도저히 잠을 잘 수도 없었습니다. 이루 말할 수 없는 고통, 지옥에 가서 형벌을 받는 것과 같은 고통을 계속해서 겪었었는데, 3일이 지나자 성령님께서 "아들아, 잘 견디었다. 이제 고통은 끝났다." 라고 하시면서 "이것이 곧 있을 '황충 재앙'의 고통이다. 내가 너로 하여금 '황충 재앙'의 고통을 직접 겪게 함으로써 이 처절한 고통을 사랑하는 성도들에게 미리 알려서 대비하도록 하기 위함이다. 네가 당한 고통보다 더 크고,

더 오랫동안 고통을 당하는 사람들이 세상에는 많다. 하지만 '황충 재앙'의 이름으로 고통을 직접 당한 사람은 네가 최초의 사람이다. '황충 재앙'의 고통은, '황충 재앙'이 무엇인지 아는 사람이 당해 봐야 그 고통이 얼마나 처절한지 알 수 있기 때문에, '황충 재앙'에 대하여 잘 알고 있는 너로 하여금 그 고통을 몸소 겪게 함으로써 '황충 재앙'이 얼마나 무서운 고통인지 성도들에게 경고하게 하고, '황충 재앙'으로부터 보호 받기 위해서는 반드시 '이마'에 '하나님의 인침'을 받아야 하는 것을 책으로 써서 성도들에게 알려주게 하려고 한다. 퇴원하게 되면 '황충 재앙의 고통'에 대하여 책을 써서 나의 사랑하는 자녀들이 '황충 재앙'을 대비할 수 있도록 전하거라."라고 말씀하셨습니다.

'황충 재앙'의 고통을 한 마디로 표현하면 '지옥'의 고통입니다. 150일 동안의 황충 재앙의 고통은, 지옥에 가서 150일 동안 지옥의 형벌을 받는 것과 같습니다.

이 책에 있는 내용들 가운데는 깊은 영적 체험과 비밀들이 담겨있기 때문에 이런 것들에 대한 영적 체험이 없거나, 이런 것들을 인정하지 않는 신학을 공부한 분들은 저를 향하여 '신비주의자'라는 '비난의 돌'을 던질 수 있고, '이단'이라고 하는 '정죄의 돌'을 던질 수도 있지만, 이 종은 '한 사람'이라도 더 '황충 재앙'에 대하여 깨닫고, '한 사람'이라도 더 '이마'에 '하나님의 인'을 받을 수만 있다면, 그리고 '한 사람'이라도 더 '신부 단장'에 대하여 깨닫고 '한 사람'이라도 더 '신부 예복'을 입을 수만 있다면, 십자가에 달리신 예수님을 생각하며 감사하고, 그런 '비난'과 '정죄'의 돌을 그냥 맞으려고 합니다.

25세에 예수님을 만난 이래 40여년 동안 신앙생활 해오면서 제가 지었던 죄들을 쌓으면 히말라야산보다 더 높고, 때로는 마귀 짓거리하며 살았을 때도 하나님께서는 한 번도 저에게 "너는 (그런 죄악 가운데 살고 있으므로) 내 자식이 아니다."라고 말씀하시면서 저를 하나님의 자녀가 아니라고 부인하신 적이 없으시고, "너는 목사인데도 (그렇게 마귀에게 잡혀서 그런 마귀 짓거리를 하기 때문에) '너는 내 종'이 아니다"라고 부인하신 적이 없으신데, 제가 사람들의 비난이 두렵고, 사람들에게 '이단'이라고 정죄 받는 것이 두려워서 두 번의 뇌출혈을 통해서 죽음의 터널을 통과한 제가 하나님께서 주신 은혜를 어찌 말하지 않으며, 하나님께서 "황충 재앙의 고통에 대하여 전하라"는 말씀을 어찌 전하지 않음으로써 하나님을 부인할 수 있겠습니까? 이제 곧 예수님께서 오시는데, 제 한 몸 살고자 세상의 눈치를 보며, 예수님께서 '황충 재앙'과 '신부 단장'에 대하여 전하라고 하신 말씀을 어찌 전하지 않을 수 있겠습니까?

어떤 성도들에게는 이 책이 '은혜의 책'이 되고, 생명을 살리는 '생명의 책'이 되겠지만, 어떤 사람들에게는 '비난'과 '비판'과 '정죄'의 돌을 던지게 하는 책이 되기도 할 것입니다.

하지만 저는, 죄인의 괴수인 저에게 베풀어주신, 예수님의 은혜들을 생각하며 그 돌들을 그냥 맞으려고 합니다. 기껏해야 죽기밖에 더 하겠습니까?

제가 죽어서 천국에 갔을 때 예수님께서 "사랑하는 내 종아, 수고하였다. 너는 내게 충성하였느니라"라는 말씀 한 마디만 들을 수 있다면, 저는 감사하고 만족하렵니다.

원하옵기는 이 책을 통하여 '한 사람'이라도 더 '황충 재앙'에 대하여 깨닫고, '한 사람'이라도 더 '이마'에 '하나님의 인'을 받길 바라며, '한 사람'이라도 더 '신부 단장'에 대하여 깨닫고 '한 사람'이라도 더 '신부 예복' 입고서 '이긴 자'가 되어서, 예수님 '공중 강림'하실 때 '신부'로 들림받기를 바라며, 적그리스도가 다스리는 '대환난' 때에 목숨을 걸고 '666표'를 거절하여 '이기는 자'가 되어서 예수님의 보좌 앞에 모여 하나님을 찬양할 수 있기를 바랍니다.

부족한 종으로 하여금 이 책을 집필하게 하신 자비와 긍휼과 은혜의 하나님께 감사와 존귀와 찬양과 경배를 드립니다.

삼위일체 하나님, 이 책을 통하여 영광 받으시옵소서.

2025. 9. 17
하나님의 무익한 종 박요셉 드림

차례

서 문 :   3

제 1 장 두 번의 뇌출혈을 통해서 말씀하신 '황충 재앙'의 고통

1. 두 번의 뇌출혈을 통해서 말씀하신 황충 재앙의 고통   12
2. 황충이란 무엇인가?   26
3. 황충 재앙의 고통은 어떤 고통인가?   30
4. '황충 재앙의 고통'과 같은 고통을 경험한 사람들   38
5. 사랑의 하나님께서 '황충 재앙'을 허락하시는 이유   46
6. '하나님의 인침'이란 무엇인가?   49
7. '이마'에 '하나님의 인침'을 받기 위한 조건들   56
8. '하나님의 인침'에 대하여 전하지 못하도록
   집요하게 공격하는 마귀의 역사들   61
9. 저는 하루에 최소한 세 시간씩 기도하려고 합니다   68
10. '이마'에 '하나님의 인침'을 받을 조건 (계14:1-5)   85

제 2 장 세 번 나타나주신 예수님

11. 7년 반 만에 거듭난 내 영혼   88

12. 아들아, 네가 어찌하여 목숨을 끊으려고 하느냐	99
13. 아, 어머니!	106
14. 부족한 나에게 세 번 나타나 주신 예수님	109

제 3 장   예수님의 '공중 강림'도 준비해야 합니다

15. 휴거에 대하여 깨닫게 해주신 성령님	136
16. 휴거에 대하여 말씀해 주신 성령님	143
17. '황충 재앙' 후에 나타날 일들	147
18. 우리는 '여섯째 인'이 떼어진 시대를 지나서 '일곱째 인'까지 떼어진 시대에 살고 있습니다.	170
19. 예수님의 '공중 강림'은 언제 있는가?	184
20. 예수님 '공중 강림'하실 때 휴거 될 조건 : '신부 예복'	185
21. '신부 예복'을 입을 조건	193

제 4 장 간증들 모음	203
제 5 장 박요셉 작곡 CCM 악보 모음	227
제 6 장 책 표지 설명	251

제 1 장

두 번의 뇌출혈을 통해서 말씀하신
'황충 재앙'의 고통

1. 두 번의 뇌출혈을 통해서 말씀하신 황충 재앙의 고통

1) 8.16(토) : 풋살하는 중에 뒤로 떨어지다.

저는 매주 토요일 아침마다 풋살을 합니다. 토요일 새벽이 되면 오랫동안 같이 운동한 분들이 모여서 풋살을 하고 아침 식사한 뒤 헤어지는데, 제가 그 시간에 나가는 중요한 이유는, 같이 운동하는 분들 대부분이 예수님을 믿지 않아서, 그분들의 영혼 구원을 위하여 매일 새벽마다 기도하고 있는데, 운동을 통하여 친분을 쌓은 후 예수님을 영접시키기 위함입니다.

그런데 토요일은 주일을 준비하는 중요한 날이므로 오랜 시간 동안 풋살을 하게 되면 피곤해서 주일 준비하는 데 영향이 있으므로 저는 약 1시간 정도 늦게 나갑니다. 더군다나 우리 교회는 금요 심야 기도회를 하고, 금요 심야 기도회를 마친 후에 성도들을 기도해 주다 보면 취침 시간이 늦어지고, 몸도 피곤해서 운동장에 늦게 나갑니다.

지난 8월 16일(토)에도 저는 1시간 정도 늦게 풋살장에 갔습니다. 간단히 몸을 푼 뒤 운동하는데, 공이 제 앞으로 굴러오기에 그

공을 멈추게 하기 위하여 오른쪽 앞발을 약간 들었는데, 그 순간 나도 모르게 갑자기 뒤로 '뻥' 떨어져버렸습니다. 이런 일은 수십 년 동안 운동한 이래 처음 있는 일이었습니다. 뒤로 '뻥' 떨어진 저는 뒷머리가 땅바닥에 부딪혔지만 별 일 없었기 때문에 잠시 후에 일어나서 계속 운동한 뒤 집으로 돌아왔습니다.

2) 8.22(금) : 머리가 무거워지다

집으로 돌아온 저는 아무 문제 없이 주일 예배를 준비해서 드렸고, 평상시와 같이 생활하였습니다. 그런데 금요일이 되자 머리가 좀 무겁고 아팠습니다. 그래서 진통제를 하나 먹고 금요 심야 기도회까지 마친 후 잠을 잤습니다.

그런데 좀 피곤했는지 늦게 일어나서 서둘러 풋살장에 가서 간단히 운동하고 집에 돌아왔는데, 머리가 많이 무겁고 아파서 진통제를 하나 먹고 쉬었는데 오후 3시쯤 되니 속이 울렁거렸습니다. 이상한 느낌이 들어서 인터넷으로 검색해보니 '뇌출혈 증상'이었습니다. 그래서 동생 목사에게 전화해서 상황을 설명하고 "뇌 CT를 찍어봐야겠다."고 말했습니다. 그런데 토요일 오후 시간이라서 일반 의원들은 모두 진료가 끝났기 때문에 종합 병원인 '예수 병원' 응급실로 가서 1주일 전에 뒤로 넘어졌었던 일과 머리가 무겁고, 아프고 속이 울렁거리는 증상을 말한 뒤 뇌 CT를 찍었습니다.

3) 8.23(토) : 중환자실로 입원하다

응급실에 누워있던 저에게 잠시 후 의사가 와서 하는 말이 "뇌출혈이 있으니 당장 '중환자실'로 가야 합니다."라고 말했습니다. 그 말을 들은 저는 "나는 목사라서 내일 성도들과 함께 예배를 드려야 하기 때문에 입원이 어렵습니다."라고 말했지만 의사는 "상태가 안 좋아지면 뇌를 절개해서 피를 뽑아내야 할 수도 있으므로 당장 중환자실로 가야합니다."라고 말하면서 빨리 중환자실에 입원하라고 하여 어쩔 수 없이 중환자실에 입원하였습니다.

태어난 이래 병원에 한 번도 입원해 보지 않았던 저에게 갑작스런 중환자실의 입원과 그에 뒤따르는 의료적인 후속 조치들은 나의 마음과 생각을 무겁게 하였습니다.

4) 8.25(월) : 일반 병실로 옮기다

토요일과 주일을 중환자실에서 보낸 저에게 별 이상이 없자, 월요일에 일반 병실로 이동하게 되었고, 병원에서 주는 약들을 먹으며 치료받았는데, 다시 뇌 CT를 찍기로 한 금요일이 되자, 몸에 별 이상을 못 느낀 저는 내심 퇴원을 기대했으나, 뇌 CT를 찍어보니 출혈된 피가 아직 머리 속에 고여 있어서 1주일 동안 더 입원하면서 뇌 상태를 지켜보기로 했습니다.

5) 8.31(주) : 갑자기 지옥과 같은 고통이 시작되다

우리 교회가 기도하며 물질로 후원하는 선교사님 가족이 잠시 한국에 나와계셨는데, 9월 초에 선교지로 다시 입국한다고 하여서, 8월 31일 주일 밤 예배를 우리 교회에서 드리기로 했는데, 제가 병원에 있어서 주일 예배를 인도할 수 없기 때문에, 선교사님 부부를 제가 있는 병실로 오시라고 하여 그분들과, 저를 간호하던 딸과 함께 병실에서 저의 인도로 주일 오전 예배를 드렸습니다.

그런데 그날 저녁부터 갑자기 이루 말할 수 없는 두통이 오기 시작하였습니다. 바늘로 머리를 계속해서 '콕콕' 찌르는 듯 했는데, 그러다 보니 모든 신경이 머리로 집중되었고, '콕콕' 찌르는 듯한 고통 위에 모든 신경을 머리에 집중함으로서 나타나는 머리 아픈 증상이 더해졌습니다. 아파도 너무나 아파서 잠을 잘 수조차 없었습니다. 그런 고통은 난생 처음 겪는, 말로 이루 표현할 수 없는 엄청난 고통이었습니다.

그 고통을 잊을 수 있는 시간은 오직 잠든 시간밖에 없는데, 머리가 아파서 도저히 잠을 잘 수 없었고, 잠들기 위하여 무진 애를 쓰다 보니 그것 때문에 머리가 더 아파졌습니다. 몇 시간 동안의 사투를 벌인 후 간신히 잠이 들면 소변이 마려워서 한 시간 만에 계속해서 잠이 깨었었는데, 소변을 본 후 다시 잠들기 위해서는 또다시 두통과 사투를 벌여야 했습니다. 옆에서 아내나 아들이 잠자고 있었지만, 그들은 다음 날 아침이 되면 직장에 출근해야 하기 때문에 그들을 깨우지도 못하고, 두통의 고통을 속으로 삭이면서 기도하고, 또 기도했지만 그 고통은 전혀 줄어 들지 않아서 쉽게 잠들지 못하였고, 어렵게 잠들고 나면 또다시 한 시간 후에 소변을 보기 위하여 또 잠이 깨었고, 소변을 보고 나면 잠자기 위하여 또다시 두통과 사투를 벌였으며, 게다가 체온과 혈압을 측정하고 링거를 갈아주기 위하여 자주 들어오는 간호사 선생님들로 인해서 또 잠이 깨고… 이렇게 온 밤을 보내다 보면 아침이 되어 아침 식사가 나왔는데, 저는 온 밤을 고통 가운데 보냈기 때문에 아무 식욕도 없고 밥 먹는 것 자체가 귀찮았지만 약을 먹기 위해서는 식사해야 하기 때문에 밥의 1/2이나 1/3 정도를 우유에 말아서 김치 하나와 간신히 먹은 후 약을 먹고, 잠을 좀 자기 위하여 진통제를 달라고 해서 먹었지만, 두통이 잠시 조금 줄어들 뿐 계속되었는데, 온 신경이 머리에 집중되다 보니 눈 자체를 뜰 수도 없어 눈을 감고 있다 보면 나도 모르게 잠시 잠이 들었는데, 이렇게 낮시간을 잠자며 보내다 보니 밤에는 두통의 고통과 싸우며 시간을 보내야 했습니다. 쉴 새 없이 계속해서 바늘로 머리를 '콕콕' 찌르는 듯한 고통, 아무리 약을 먹어도 줄어들지 않는 고통 가운데 제가 할 수 있는 것은 오직 기도밖에 없었습니다. "예수님, 머리가 너무 아파요, 머리 안 아프게 해주세요."라고 기도했지만, 아무리 수십 번, 수백 번을 기도해도 고통은 전혀 줄어들지 않아서, '혹시 내가 무슨 죄를 지어서 이렇게 고통을 겪는 것이 아닌가?'하는 생각에 "예수님, 회개의 영을 부어주세요"라고 기도하며 저의 죄를 찾아내기 시작하였습니다.

그러자 가장 먼저 몸이 불편한 장애우들이 생각났습니다. 일평생을 육체적인 고통 가운데 살아야 하는 그들의 아픔이 몸으로 느껴졌고, 그들의 아픔을 이해하지 못하고, 돌아보지 않은 것들이 회개되었습니다. "예수님 잘못했습니다, 제 몸이 건강하다 보니 우리 장애우들의 육체적 아픔과 고통을 이해하지 못하고 돌아보지 않은 죄, 함부로 판단한 죄를 회개합니다. 잘못했습니다. 용서해주세요" 수십 번씩 회개하고 또 회개하였습니다.

회개하다 보니 성도들의 아픔과 고통을 이해하지 못한 죄가 깨달아졌습니다. 저는 목사라서 기도하고 싶을 때 아무 때나 기도할 수 있고, 성경을 연구하고 싶을 때는 아무 때나 시간 가는 줄 모르고 연구할 수 있지만, 성도들은 매일 직장에서, 삶의 현장에서 각종 어려운 상황에서 맡겨진 일하며 말씀대로 살려고 몸부림치는데, 저는 직장 생활을 안 해봐서 그런 경험이 없었기에, 그런 성도들의 아픔을 이해하지 못하고 판단했던 죄들이 생각났습니다. 그래서 그러한 죄를 회개하고 또 회개하며 예수님께 용서를 구했습니다.

그리고 저는 시간이 넉넉하기 때문에 새벽에 기도회에 나가면, 기도회를 마친 뒤 3시간이고, 4시간이고 강단에서 기도하여 성령이 충만해져서 마음에 평안이 넘치지만, 성도들은 세상에 나가서 직장에서, 삶의 현장에서 다양한 일들을 해야 하고, 다양한 사람들을 만나면서 크고 작은 상처들을 받으면서 날마다 영적 전투하며 살아가는 상황들을 이해하지 못하고 판단한 교만 죄가 깨달아졌습니다. 그래서 회개하고 또 회개하였습니다. "예수님 잘못했습니다, 저는 얼마든지 맘껏 기도할 수 있기에 평안이 넘치지만 성도들은 매일의 삶의 현장에서 평안을 위협하는 상황들과 사람들과 씨름하며 사는 것을 이해하지 못하고 교만하였습니다. 잘못했습니다. 용서해주세요."

머리가 두통으로 깨질 듯이 아픈 상황에서 죄를 찾아내는 생각을 하느라 머리가 아팠지만 '두통에서 벗어나는 길은 회개 밖에 없다'는 생각에 사소한 죄라도 찾아내어서 하나님께 "잘못했습니다", "회개합니다", "용서해주세요"라는 말을 수십 번씩 했지만, 바늘로 머리를 '콕콕' 찌르는 듯한 고통은 전혀 줄어들지 않았습니다.

"예수님, 예수님께서 채찍에 맞으심으로 우리의 모든 질병을 고치셨음을 믿습니다. 예수님의 피 권세로 머리 아픈 것을 고쳐 주시고 두통에서 벗어나게 해주세요. 예수님의 피를 머리에 뿌립니다."라고 수십 번씩 외쳐도 아무 소용이 없었습니다.

축사 사역을 십수 년 동안 해와서 나름 축사 전문가인 저는, "나사렛 예수 그리스도 이름으로 명하노니 나에게 두통을 주는 귀신아, 지금 당장 떠나갈지어다. 너희들은 예수님의 보혈로 멸망했으므로 아무 권세가 없다. 당장 떠날지어다!"라고 수십 번씩 명령하였지만, 두통의 고통은 조금도 줄어들지 않았습니다.

그런 고통 가운데에서도 욥이 고통 가운데 입술로 범죄하지 않고, 하나님께 원망하지 않았다는 말씀(욥1:22,2:10)이 생각나서 입술로 범죄하지 않으려고 "감사합니다", "감사합니다"라는 말은 계속해서 드렸습니다. 입원하여 고통이 크지 않았을 때는 '모든 것들이 합력하여 선을 이룬다'는 말씀(롬8:28)을 믿고 계속 "감사합니다"를 고백했지만, 너무나 극심한 두통이 있을 때에는, '합력하여 선을 이룬다는 믿음'은 없어지고, 오직 '욥처럼 입술로 범죄하지 말아야 겠다'는 마음으로 "감사합니다", "감사합니다"를 수없이 외쳤습니다. 견딜 수 없는 참혹한 고통 가운데에서 불평하게 하고, 하나님을 원망하게 하려는 원망 마귀, 불평 마귀에게 넘어가지 않으려는 '영적 전투적인' 감사를 드린 것입니다. 웬만한 고통 가운데서는 믿음으로 감사할 수 있지만 극심한 고통 가운데에서는 '감사'가 원망 마귀와 싸우는 '영적 전투'라는 것을 깨닫게 되어서 계속 감사 기도를 드렸지만 바늘로 머리를 '콕콕' 찌르는 듯한 두통은 줄어들지 않았습니다.

아무리 기도해도, 아무리 회개해도, 아무리 보혈을 뿌려도, 아무리 축사해도 두통은 나아지지 않고 계속되어서 잠도 못 자고, 하루종일 바늘로 머리를 '콕콕' 찌르는듯한 고통이 계속되어 너무나 힘들자 제가 하나님께 버림받은 느낌까지도 들었고(시22:1-2), "예수님, 저 천국 가고 싶어요. 아픔도 고통도 눈물도 없는 천국에 가고 싶어요. 저를 천국에 데려가 주세요"라는 기도가 저절로 나왔습니다.

오전과 오후에는 딸이 하루종일 옆에 있었고 밤에는 사모나 아들이 와서 잠을 자며 병실에 있었지만 제가 겪고 있는 지옥과 같은 고통을 전혀 내색하지 않고, 속으로 삭이고 또 삭이면서 처절한 사투를 벌이며 시간을 보냈기 때문에 제가 그런 고통 가운데 있다는 사실은 가족들도, 의료진들도, 아무도 몰랐습니다.

6) 9.3(수) : 드디어 두통이 멈추다

예수 병원은 기독교 재단이기 때문에 4층에는 교회가 있습니다. 그래서 시간이 되는 대로 교회에 가서 기도 하곤 했는데, 주일 저녁부터 시작된 고통은 수요일까지 계속되었습니다. 계속되는 고통 속에서도 저는 기도해야 했기 때문에 수요일 오후에 교회에 가서 이루 말할 수 없는 고통 가운데 간절히 기도하는데 갑자기 예수님께서 말씀하셨습니다.

"아들아, 3일 동안 잘 견뎠다. 수고 많았다. 이제 고통은 끝났다"라고 하시는 것이었습니다. 그러자 그 시간 이후부터 바늘로 머리를 '콕콕' 찌르는듯한 고통이 점점 사라졌습니다. 잠을 자고 나면 머리가 좀 아프기는 하였지만 지난 3일 동안 지옥에 가서 고통을 받는 것과 같은 고통은 사라진 것입니다. 그래서 목요일에는 큰 고통 없이 정상적인 생활을 하였고, 금요일에 퇴원해도 아무 문제가 없을 듯이 몸에 힘도 생겼습니다.

7) 9.4(목) : 내가 고통을 당한 이유를 말씀하시다

바늘로 머리를 '콕콕' 찌르는 듯한 두통과 제가 사투를 벌이며 시간을 보내고 있을 때, 희한한 것은 그렇게 큰 고통이 있음에도 하루에도 몇 차례씩 재는 혈압과 체온과 산소 포화도는 모두가 정상이었습니다. 그렇기 때문에 의료진들은 제가 정상적으로 치료되고 있는 줄 알았고, 당연히 금요일에 퇴원할 것으로 생각하여 퇴원하는데 필요한 절차들을 말해주었습니다. 그래서 저도 금요일에 당연히 퇴원할 줄 알고 오후에 마지막으로 예수 병원 교회에 가서 기도하였습니다. 간절히 기도할 때 예수님께서 또 말씀하셨습니다.

"아들아, 네가 지난 3일 동안 당한 고통이 곧 다가올 '황충 재앙'의 고통이란다. 내가 너로 하여금 '황충 재앙'의 고통을 직접 몸으로 겪게 함으로써 이 고통이 얼마나 처절한지 나의 사랑하는 성도들에게 알리고, 미리 대비하도록 하기 위해서 네가 고통 가운데 있도록 허락한 것이란다. 네가 당한 고통보다 더 크고, 더 오랫동안 고통을 당하는 사람들이 세상에는 많다. 하지만 '황충 재앙'의 고통이 어떤 고통인지 직접 경험한 사람은 네가 최초의 사람이다. '황충 재앙'의 고통은, '황충 재앙'이 무엇인지 아는 사람이 당해봐야 그 고통이 얼마나 처참한지 알 수 있기 때문에, '황충 재앙'에 대하여 책을 쓰려고 했던 너로 하여금 그 고통을 몸소 겪게 함으로써 '황충 재앙'이 얼마나 무서운 재앙인지 성도들에게 경고하게 하고, '황충 재앙'으로부터 보호받기 위해서는 반드시 '이마'에 '하나님의 인침'을 받아야 하기 때문에, 너로 하여금 책을 쓰게 할 목적으로 '황충 재앙'의 고통을 직접 겪도록 한 것이란다.

퇴원하게 되면 너는 책을 써서 나의 사랑하는 자녀들에게 '황충 재앙'의 고통에 대하여 알리고, '황충 재앙'을 대비하기 위해서는 반드시 '이마'에 '하나님의 인침'을 받아야 한다는 것을 전하거라"

 예수님의 말씀을 들은 저는 깜짝 놀랐습니다. 내가 지난 3일 동안 겪었던, 지옥에 가서 형벌을 받는 것과 같은 두통이, '다섯 번째 나팔'이 불렸을 때 '이마'에 '하나님의 인침'을 받지 못해서 황충에게 쏘일 사람들이 받을 고통이라니... 하나님께서 사랑하는 당신의 자녀들에게 '황충 재앙'의 고통이 얼마나 처참한 고통인지 알리고, '황충 재앙'에서 보호받기 위해서는 반드시 '이마'에 '하나님의 인침'을 받아야 한다(계9:4)는 것을 알려주시기 위하여, '황충 재앙'과 '하나님의 인'에 대하여 잘 알고 있는 저로 하여금 그 고통을 직접 겪게 하시고, 책을 쓰게 하시려는 계획에서 나온 것임을 그제야 깨닫게 되었습니다.

8) 9.5(금) : 퇴원하다

 퇴원을 앞두고 마지막으로 뇌출혈의 상태를 확인하기 위하여 금요일 새벽에 뇌 CT를 찍었는데, 회진 시간에 오신 의사 선생님이 어두운 얼굴로 말했습니다.

 "뇌 상태가 더 안 좋아졌습니다. 퇴원하면 안 되겠습니다."

 아니, 이게 무슨 말인가... 뇌 상태가 더 안 좋아지다니...

내가 느끼는 내 몸의 상태는 아주 좋은데 뇌 CT 사진 상으로는 더 안 좋아졌다니…

의사 선생님이 뇌 CT 사진을 보여주면서 설명하는데, 사진을 보니 과연 안 좋아졌습니다. 사진을 자세히 보니 처음에 뇌출혈이 있었을 때 터진 부위는 더 이상 출혈이 없는데, 병원에 있는 동안에 다른 부위의 혈관이 터져서 2차 뇌출혈이 있었던 것이었습니다. 언제 어떻게 해서 뇌혈관이 터졌는지 모르겠지만, 분명히 2차 뇌출혈이 있었고, 2차 뇌출혈로 인해서 바늘로 머리를 '콕콕' 찌르는듯한 고통이 생겨서, 제가 3일 동안 지옥에 가서 지옥의 형벌을 받는 것과 같은 고통을 겪으며 '황충 재앙'의 고통을 경험한 것이었습니다.

뇌 CT 사진을 본 의사 선생님은 '언제, 어느 부위에서 뇌혈관이 또 터질지 모르기 때문에 퇴원하면 안 된다'는 것이었습니다. 하지만 전날 기도할 때 성령님께서 "너의 고통은 끝났다"고 말씀하시면서 내가 고통을 받게 된 이유를 깨닫게 해주셨고, 퇴원해서 '황충 재앙'에 대한 책을 써야 하기에 "퇴원하겠다"고 했습니다. 그래서 "집에만 있으면서 철저히 조심하겠고, 만약 조금이라도 이상이 생기면 즉시 응급실로 오겠다"는 약속을 하고 퇴원하였습니다.

9) 9.8(월) : "책을 빨리 써라!"

집으로 돌아온 저는 매사에 조심해야 했기에 어딜 돌아다닐 수 없었고, 주로 집에서 기도하며 시간을 보냈는데, 밤에 집에서 기도하는데 주님께서 말씀하셨습니다.

"아들아, 책을 빨리 써라!"라고 말씀하셔서, '때가 급한가 보구나..'라고 생각하고

"주님, 책을 잘 쓸 수 있도록 돕는 천사를 보내주세요~"라고 말씀드렸더니,

"이미 보내었느니라"라고 말씀하셨습니다.

그래서 내가 겪은, 지옥과 같은 처참한 고통을 말하며 '황충 재앙'의 고통에 대하여 알리고, '황충 재앙'에서 보호받는 유일한 방법은 오직 '이마'에 '하나님의 인'을 받는 것 외에는 없다는 것을 알리기 위하여 책을 쓰기 시작했습니다.

2. 황충이란 무엇인가?

계9:1 다섯째 천사가 나팔을 불매 내가 보니 하늘에서 땅에 떨어진 별 하나가 있는데 그가 무저갱의 열쇠를 받았더라

계9:2 그가 무저갱을 여니 그 구멍에서 큰 화덕의 연기 같은 연기가 올라오매 해와 공기가 그 구멍의 연기로 말미암아 어두워지며

계9:3 또 황충이 연기 가운데로부터 땅 위에 나오매 그들이 땅에 있는 전갈의 권세와 같은 권세를 받았더라

계9:4 그들에게 이르시되 땅의 풀이나 푸른 것이나 각종 수목은 해하지 말고 오직 '이마'에 '하나님의 인'침을 받지 아니한 사람들만 해하라 하시더라

계9:5 그러나 그들을 죽이지는 못하게 하시고 다섯 달 동안 괴롭게만 하게 하시는데 그 괴롭게 함은 전갈이 사람을 쏠 때에 괴롭게 함과 같더라

계9:6 그 날에는 사람들이 죽기를 구하여도 죽지 못하고 죽고 싶으나 죽음이 그들을 피하리로다

계9:10 또 전갈과 같은 꼬리와 쏘는 살이 있어 그 꼬리에는 다섯 달 동안 사람들을 해하는 권세가 있더라

계9:11 그들에게 왕이 있으니 무저갱의 사자라 히브리어로는 그 이름이 아바돈이요 헬라어로는 그 이름이 아볼루온이더라

다섯째 천사가 나팔 불었을 때 나타나는 재앙은 '황충 재앙'이라고 말하고 있습니다(계9:1). 황충을 한국말로 말하면 '메뚜기'입니다. 그래서 다른 성경들은 메뚜기로 번역했습니다.

계9:3 그리고 그 연기 속에서 메뚜기들이 나와서 땅에 퍼졌습니다. 그것들은, 땅에 있는 전갈이 가진 것과 같은 권세를 받아 가지고 있었습니다. (새 번역)

계9:3 또 그 연기에서 메뚜기들이 땅 위로 나왔는데 땅의 전갈들이 지닌 권세와 같은 권세를 받더라. (한글 킹제임스)

계9:3 그 연기 속에서 메뚜기들이 나와 땅에 퍼졌습니다. 그 메뚜기들에게는 땅에 있는 전갈들이 가진 것과 같은 권세가 주어졌습니다. (공동 번역)

그런데 이 황충들이 '무저갱'에서 올라왔다고 하였으므로(계9:2-3), 이 황충은 실제적인 메뚜기가 아니고 영적 존재로서 마귀입니다.

왜냐하면 예수님께서 거라사인의 땅에 가셨을 때 무덤 사이에 거하던 사람 안에 있는 군대 귀신이 예수님에게 "제발 무저갱에 들어가라고 말씀하지 말아주세요"라고 간구하였기 때문에 무저갱에는 귀신들이 갇혀 있는 곳이며(눅8:31), 귀신들조차 들어가고 싶지 않은 두려움의 장소이며, 천사가 용(=옛 뱀=마귀=사탄)을 잡아다가 천 년 동안 무저갱에 가두는 곳이기 때문입니다(계20:1-3).

눅8:30 예수께서 네 이름이 무엇이냐 물으신즉 이르되 군대라 하니 이는 많은 귀신이 들렸음이라

눅8:31 무저갱으로 들어가라 하지 마시기를 간구하더니

계20:1 또 내가 보매 천사가 무저갱의 열쇠와 큰 쇠사슬을 그의 손에 가지고 하늘로부터 내려와서

계20:2 용을 잡으니 곧 옛 뱀이요 마귀요 사탄이라 잡아서 천 년 동안 결박하여

계20:3 무저갱에 던져 넣어 잠그고 그 위에 인봉하여 천 년이 차도록 다시는 만국을 미혹하지 못하게 하였는데 그 후에는 반드시 잠깐 놓이리라

그리고 황충 재앙 때 무저갱에서 나오는 대장 마귀의 이름은 '아볼루온(히브리어로는 아바돈)'이고, 그를 따르는 부하들이 황충 마귀들인 것입니다.

이들이 일시에 무저갱에서 쏟아져 나와서 전 세계에 풀어져서 '이마'에 '하나님의 인침'을 받지 못한 사람들을 쏘기 때문에 황충 마귀들의 수는, 전 세계의 인구들을 고려하여 한 사람당 한 마리씩만 계산해도, 최소한 80억 마리 이상이 될 것입니다.

그렇지 않아도 마귀가 다스리고 있는 이 세상에 귀신들이 가득한데, '다섯 번째' 나팔이 불리자 이 책 표지에 나와 있는 모양의

황충 마귀들이 갑자기 무저갱에서 80억 마리 이상이 나와서, '이마'에 '하나님의 인'침을 받지 않은 사람들을 공격하여 사람들, 심지어 성도들까지도 150일 동안 지옥에 가서 고통을 받는 것과 같은 고통을 받게 한다는 것을 상상해보십시오.

이 얼마나 끔찍한 재앙일까요? 이것이 '황충 재앙'입니다.

3. 황충 재앙의 고통은 어떤 고통인가?

계9:3 또 황충이 연기 가운데로부터 땅 위에 나오매 그들이 땅에 있는 전갈의 권세와 같은 권세를 받았더라

계9:4 그들에게 이르시되 땅의 풀이나 푸른 것이나 각종 수목은 해하지 말고 오직 '이마'에 '하나님의 인'침을 받지 아니한 사람들만 해하라 하시더라

계9:5 그러나 그들을 죽이지는 못하게 하시고 다섯 달 동안 괴롭게만 하게 하시는데 그 괴롭게 함은 전갈이 사람을 쏠 때에 괴롭게 함과 같더라

계9:6 그 날에는 사람들이 죽기를 구하여도 죽지 못하고 죽고 싶으나 죽음이 그들을 피하리로다

계9:10 또 전갈과 같은 꼬리와 쏘는 살이 있어 그 꼬리에는 다섯 달 동안 사람들을 해하는 권세가 있더라

그 당시의 사람들에게 메뚜기는 가장 무서운 재앙 중 하나였다고 합니다. 수백만 마리의 메뚜기가 봄부터 여름까지의 약 5개월의 건기 동안에 사막에서 갑자기 날아와 모든 식물들을 먹어치웠기 때문입니다.

하나님께서 모세를 통하여 애굽에 내린 '여덟 번째' 재앙도 메뚜기 재앙이었습니다.

출10:12 여호와께서 모세에게 이르시되 애굽 땅 위에 네 손을 내밀어 메뚜기를 애굽 땅에 올라오게 하여 우박에 상하지 아니한 밭의 모든 채소를 먹게 하라

출10:13 모세가 애굽 땅 위에 그 지팡이를 들매 여호와께서 동풍을 일으켜 온 낮과 온 밤에 불게 하시니 아침이 되매 동풍이 메뚜기를 불어 들인지라

출10:14 메뚜기가 애굽 온 땅에 이르러 그 사방에 내리매 그 피해가 심하니 이런 메뚜기는 전에도 없었고 후에도 없을 것이라

출10:15 메뚜기가 온 땅을 덮어 땅이 어둡게 되었으며 메뚜기가 우박에 상하지 아니한 밭의 채소와 나무 열매를 다 먹었으므로 애굽 온 땅에서 나무나 밭의 채소나 푸른 것은 남지 아니하였더라

이 재앙이 얼마나 극심했던지 바로왕이 메뚜기로 인하여 죽지 않도록 간청할 정도였습니다.

출10:16 파라오는 급히 모세와 아론을 불러들여 말하였다. "너희의 신 야훼와 너희들에게 잘못했다.

출10:17 한 번만 더 나의 잘못을 용서하여라. 너희의 신 야훼께 기도하여 이런 모양으로 죽지는 않게 해다오."**(공동 번역)**

하지만 이 메뚜기들이 사람들을 공격하지는 않았습니다.
그러나 '다섯 번째' 나팔이 불렸을 때 무저갱에서 나온 '황충 마

귀'들은 전 세계를 다니면서 '이마'에 '하나님의 인침'을 받지 않은 사람들을 쏘는데, 그 고통은 '사람이 전갈에게 쏘였을 때 당하는 고통과 같다'고 하였습니다.

계9:5 그러나 그들을 죽이지는 못하게 하시고 다섯 달 동안 괴롭게만 하게 하시는데 그 괴롭게 함은 전갈이 사람을 쏠 때에 괴롭게 함과 같더라

    이 말씀을 읽었을 때 저는 '황충 마귀들'에게 쏘였을 때의 고통이 얼마나 고통스러운지 마음에 전혀 와닿지 않았습니다. 왜냐하면 저는 전갈은 고사하고 벌이나 독충에게조차 쏘여본 적이 없었기에 전갈에게 쏘였을 때의 괴로움은 저에게 피상적으로 다가올 뿐이었습니다.

    그래서 황충 재앙 때 당하는 괴로움을 좀 더 깊이 알기 위하여 원어 사전을 보았더니 '괴롭게만' = '바사니조('바사노스'에서 유래)' = '고문하다'라는 의미였고, '괴롭게 함' = '바사니스모스('바사니조'에서 유래)' = '고문'이라는 의미였습니다.

    그래서 '바사니조 (스트롱 코드번호 928)'나 '바사니스모스 (스트롱 코드번호 929)', 혹은 이 단어들과 유사한 단어가 사용된 성경을 찾아보니 몇 군데 있었는데 놀랍게도 예수님께서 말씀하신 '부자와 나사로'의 비유 말씀에 사용되었습니다.

아시다시피 '부자와 나사로' 비유에서 부자는 '음부'에 갔는데, 불신자들이 죽어서 가는 '음부'에서 당하는 고통'을 나타낼 때 사용되었습니다.

눅16:22 이에 그 거지가 죽어 천사들에게 받들려 아브라함의 품에 들어가고 부자도 죽어 장사되매

눅16:23 그가 음부에서 고통(**바사노스**)중에 눈을 들어 멀리 아브라함과 그의 품에 있는 나사로를 보고

눅16:27 이르되 그러면 아버지여 구하노니 나사로를 내 아버지의 집에 보내소서

눅16:28 내 형제 다섯이 있으니 그들에게 증언하게 하여 그들로 이 고통 받는 (**바사노스**) 곳에 오지 않게 하소서

눅16:23,28에서 사용된 '고통'이라는 단어가 '바사노스 (**스트롱 코드번호 931**)'인데 이는 음부에 간 부자가 '불꽃 가운데에서 받는 처절한 고통'을 표현할 때 사용되었으므로, '황충 재앙' 때 황충에게 쏘인 사람들이 당하는 고통은 '음부에 간 부자가 불꽃 가운데 당하는 고통과 같은 고통'인 것입니다.

그리고 예수님께서 지상에 재림하실 때 짐승(적그리스도)과 거짓

선지자를 불과 유황 못인 지옥에 던지심으로써 고통을 받게 하시고, 천년 왕국 후에 마귀도 지옥에 던지셔서 영원토록 고통을 받게 하시는데 이들이 지옥에서 영원히 받는 고통을 설명할 때 '바사니조'라는 단어가 사용되었습니다.

계19:20 짐승이 잡히고 그 앞에서 표적을 행하던 거짓 선지자도 함께 잡혔으니 이는 짐승의 표를 받고 그의 우상에게 경배하던 자들을 표적으로 미혹하던 자라 이 둘이 산 채로 유황불 붙는 못에 던져지고

계20:10 또 그들을 미혹하는 마귀가 불과 유황 못에 던져지니 거기는 그 짐승과 거짓 선지자도 있어 세세토록 밤낮 괴로움을 받으리라 (바사니조)

그러므로 '황충 재앙' 때 황충에게 쏘인 사람들이 당하는 고통은 부자가 '음부'에 가서 불꽃 가운데 받는 고통과 같은 고통이고, 짐승(적그리스도)과 거짓 선지자와 마귀가 '지옥'에 가서 받는 괴로움과 같은 고통임을 알 수 있습니다.

'황충 재앙'의 고통을 한마디로 말하면 '지옥의 고통'입니다. 150일 동안의 황충 재앙은 지옥에 가서 150일 동안 고통을 받고 오는 것과 같습니다. 1시간이 아닙니다. 하루도 아닙니다. 무려 다섯 달, 150일 동안 고통을 받는 것입니다. 150일의 황충 재앙을 겪는 동안에 너무 고통스러워서 아무리 진통제를 먹어도 소

용없습니다. 아무리 눈물을 흘리며 회개하고, 아무리 울부짖으며 기도하고, 아무리 예수님의 피를 뿌리고, 아무리 황충 마귀가 떠나도록 예수 그리스도 이름으로 명령해도 아무 응답도 없고, 아무 효과도 없고, 날카로운 바늘로 머리를 수만 번, 수십만 번 계속해서 '콕콕' 찌르는 것과 같은 고통은 사라지지도 않고 줄어들지도 않고 150일 동안 계속됩니다.

하나님께서는 부족한 이 종이 겨우 3일 동안만 겪도록 하셨습니다. 겨우 3일이었는데도 저는 너무 처절한 고통을 당하였습니다. 3일간의 고통이 지난 후 주님께서 "아들아, 잘 견디었다. 이제 고통은 끝났다."라고 말씀하셔서 그 고통에서 벗어났음에도 내 몸과 마음에는 3일 동안의 고통의 흔적이 남아 있고, 내 머리에는 3일 동안의 고통의 기억이 남아 있어서, 3일 동안 두통과의 처참한 혈투가 있었던 병실에 다시는 돌아가고 싶지 않은 트라우마가 강하게 남아 있었기 때문에, 의사가 "퇴원하면 안 된다"는 말을 듣지 않고(물론 성령님께서 '고통이 끝났다'고 말씀하셨고, 저는 그 말씀을 두렵고 떨리는 마음으로 믿었기 때문에) 퇴원한 것입니다.

'황충 재앙'이 왔을 때, 황충에게 쏘인 사람들은 그 고통이 얼마나 심한지 죽고 싶어서 죽으려고 하지만 하나님께서는 죽지도 못하고 고통을 당하게 하십니다.

부족한 종이 뇌출혈로 인하여 병원에 입원한 가운데 나타난 두 번째 뇌출혈로 인하여 바늘로 머리를 수만 번, 수십만 번을 계속해서 '콕콕' 찌르는 듯한 두통으로 3일 동안 고통을 당했는데, 너무 힘들어서 진통제를 먹었는데도 고통은 없어지지 않았고, 아무리 회개하며 기도해도 고통은 전혀 줄어들지도 않자, "하나님, 차라리 저를 데려가 주세요. 고통이 없는 천국으로 데려가 주세요"라고 기도할 만큼 극심한 고통을 당하였습니다. 그래서 전갈이 쏘는 것과 같은 권세를 가진 황충에게 쏘인 사람들은 너무 고통스러워서 죽기를 구하는 심정이 이해되었습니다.

계9:6 그 날에는 사람들이 죽기를 구하여도 죽지 못하고 죽고 싶으나 죽음이 그들을 피하리로다

하지만 하나님께서는 죽음조차도 허락하지 않으시고 고통을 그대로 겪게 하십니다. 그것도 150일 동안이나 말입니다.

부족한 종은 겨우 3일 동안 계속되었던 고통을 견디다 못해 "하나님, 차라리 저를 데려가 주세요. 고통이 없는 천국으로 데려가 주세요"라고 간절히 기도하였는데 어떻게 150일 동안 견딘단 말입니까? 생각만 해도 너무 끔찍합니다.

견딜 수 있는 사람은 아무도 없을 것입니다. '황충'에게 쏘였을 때, 나름대로 믿음이 있는 성도들은 하나님께 울부짖으며 기

도도 하고, 회개도 하겠지만, 그 기도는 전혀 응답이 없게 될 것이고, 아무리 부르짖어 기도하고 회개해도 고통도 전혀 줄어들지 않을 것입니다. 오직 150일을 견뎌야 그 고통에서 벗어날 수 있습니다.

황충 재앙의 고통이 계속되는 150일 동안 믿음을 지킬 수 있는 사람들이 있을까요? 저는 감히 말합니다. 한 명도 없을 것입니다. 처음에는 기도도 하고, 회개도 하겠지만 아무리 기도하고, 아무리 회개해도 응답이 없고, 고통이 줄어들지 않으니까 결국은 하나님을 원망하고, 하나님을 저주하기도 하고, 어떤 사람들은 하나님을 떠나가기도 할 것입니다. 마귀는 그것을 노리고 있습니다. 황충 마귀는 황충 재앙을 통하여 믿는 성도들이 하나님께 원망하고, 불평하고, 결국은 하나님을 저주하고 하나님을 떠나도록 하여 모두가 지옥에 가도록 역사할 것입니다.

그럼 어떻게 해야 황충 재앙의 고통을 당하지 않을 수 있을까요?

계9:4 말씀대로 오직 '이마'에 '하나님의 인침'을 받는 방법밖에 없습니다.

계9:4 그들에게 이르시되 땅의 풀이나 푸른 것이나 각종 수목은 해하지 말고 오직 '이마'에 '하나님의 인'침을 받지 아니한 사람들만 해하라 하시더라

4. '황충 재앙의 고통'과 같은 고통을 경험한 사람들

1) 강 온유 목사님

어느 날 기도하는데 성령님께서 "아들아, 수도권에 가서 한 달에 한 번씩 '신부 단장' 집회하거라."라고 말씀하셨습니다. 그래서 제가 순종하는 마음으로 한 달에 한 번씩 가서 집회하는 교회가 두 곳이 있는데 김포 임마누엘 교회(**박영옥 목사님**)와 서울 호산나 교회(**강온유 목사님**)입니다. 강 목사님은 제가 뇌출혈로 인하여 병원에 입원했을 때 자주 전화하셔서 기도해 주시곤 했습니다. 특별히 두 번째 뇌출혈로 인하여 바늘로 '콕콕' 찌르는 듯한 두통으로 지옥에 가서 고문받는 것과 같은 고통을 겪은 것을 말씀드리자 목사님께서도 그런 고통을 당해본 경험이 있으시다면서 자신에게 있었던 일을 말씀하셨습니다.

어느 날 갑자기 제 머리가 아픈데요, 예리한 바늘로 '콕콕콕콕' 찌르는 듯 바늘이 제 온 머리를, 온 뇌를 쑤시고 다니는 것 같았어요. 그런데다가, 풍선이 팽창하면 터지듯이, 머리가 '팍' 터질 것 같은 고통이 와서 강단에서 눈물, 콧물 쏟으며 떼굴떼굴 뒹굴며 '아버지, 아버지'를 불렀는데, 머리가 너무나 아파서 저도 모르게 머리카락을 쥐어뜯다 보니 강단에서 한 번씩 뒹굴고 나면 강단에 머리카락이 수북이 쌓였어요. 그런 저의 모습을 다 본 최권사가 증인이에요.

그런데 그런 상황에서 가장 큰 고통은 병원에 갈 수 없는 것이었어요. 왜냐하면 그때 남편 장로님은 중환자실에 입원하고 있었고, 어머니는 고관절이 끊어져 버린데다가 지남력 (현재 자신이 놓여 있는 상황을 올바르게 인식하는 능력)이 없어져서 지금 계신 곳이 어디인지, 지금이 몇 월인지도 모르는 가운데 계시니, 누가 저를 병원에 데리고 갈 수 있겠어요. 그리고 중환자실에 계시는 장로님의 면회 시간이 새벽 6:00-6:30 사이라서, 택시를 타고 가는데, 가는 동안에 머리가 너무 아파서 택시 안에서 '엉엉' 울면, 기사님이 '아주머니, 왜 그러세요, 왜 그러세요?'라고 묻는데, (저는 예수님을 믿기 때문에 지금 당장 죽어도 천국에 갈 수 있지만 기사님은 죽으면 지옥에 가니까) '기사님 예수님 믿고 천국 가세요, 예수님 믿고 천국 가세요'라는 말을 하니까 기사님이 '아주머니, 알았어요, 아무 말도 하지 마세요'라고 하더라구요.

그리고 교회에서 기도하다 보면 남편이 중환자실에 있는 이유가 '내가 죄를 지어서 그런가...', 엄마가 그런 상태에 있는 것이 '

내가 죄를 지어서 그런가…', '내가 성도들의 아픔을 못 느꼈나… 내가 성도들의 고난을 외면했나…'라고 생각하면서 남편에게 짜증 부린 것 회개하고, 엄마 근심시켜드린 것 회개하고, 성도들의 고통을 돌아보지 않은 것 회개하면서 '아버지, 예수님의 보혈을 뿌려주시고, 발라주세요. 예수님께서 채찍에 맞으심으로 내가 나음을 입었으니 내 머리를 잡고 있는 악한 마귀는 예수 그리스도 이름으로 명하노니 지금 당장 떠나가라!'라고 수백 번, 수천 번 외치는데도 소용이 없어요. 이런 고통이 계속되어 3일째 되자 너무 고통스러워서 '이런 고통, 저런 고통 안 받고 그냥 천국에 갔으면 좋겠다.'는 생각이 저절로 들었어요

"목사님, 그 고통이 바로 '황충 재앙'의 고통입니다. 목사님은 '황충 재앙'의 고통을 경험하신 것입니다"

"그런데 3일이 지나니까 하나님께서 은혜를 베푸셔서 그 고통이 사라지기 시작했어요. 어떻게 3일을 버텼는지 모르겠어요"

"그러게요, 저도 어떻게 3일을 버텼는지 모르겠어요. 그런데 그 참혹한 '황충 재앙'의 고통은 150일 동안 계속돼요. 황충에게 쏘인 사람들이 어떻게 150일을 견딜 수 있겠어요…"

"150일을 견딜 수 있는 사람은 아무도 없어요. 저도 3일이니까 견뎠지, 150일이라면 저도 못 견뎌요"

"황충 재앙의 고통이 그렇게 크기 때문에 하나님께서 부족한 저로 하여금 황충 재앙의 고통을 3일 동안 겪게 하시고, 황충 재앙의 고통에서 보호받기 위해서는 반드시 '이마'에 '하나님의 인 침'을 받아야 한다는 것을 알리기 위하여 책을 쓰라고 하셨어요"

강 목사님께서 겪으신 고통이 바로 '황충 재앙'의 고통과 같은 것입니다. 혹시 이 책을 읽는 여러분들 가운데 그런 고통을 당한 분들이 계신다면 그런 고통이 '황충 재앙'과 같은 고통이며, '황충 재앙'은 그런 고통을 150일 동안 계속 받는 것입니다.

2) 박** 성도님

제가 섬기는 교회에 나오시는 장애우 가운데 박** 성도님이 계십니다. 박** 성도님이 말하길 "목사님, 저는 매일 밤마다 팔이 '찌릿찌릿'하는 통증이 와서 도저히 잠을 잘 수 없습니다. 아무리 약을 먹어도 그 고통은 없어지지 않아요."

이 말을 들은 저는 마음이 아파서 수년 동안 매일 새벽마다 간절히 기도했고, 간혹 예배 후에 기도해 주었지만 안타깝게도 박** 성도님의 고통은 사라지지 않고 여전합니다. 그래서 박** 성도님은 지금도 매일 그런 고통의 짐을 지고, 고통 가운데 살아가고 계십니다. 박** 성도님이 매일 원하는 것은 고통이 없는 천국에 하루라도 빨리 가는 것일 것입니다.

여러분들 가운데 박** 성도님과 같은 고통을 겪고 있는 분들이 계신다면 여러분들은 '황충 재앙' 때 받게 되는 고통과 같은 고통을 겪고 있는 것입니다.

박** 성도님의 고통은 그래도 밤에만 있지만, '황충 재앙'의 고통은 하루종일입니다. 그것도 150일 동안 말입니다. 황충에게 쏘여서 고통을 당하는 사람이 '황충 재앙'의 고통에서 벗어 날 수 있는 유일한 방법은 150일이 지나는 것입니다.

부족한 저도, 강 목사님도 겨우 3일을 버텼을 뿐입니다. 겨우 3일의 고통이었으므로 불평하지 않을 수 있었고, 하나님을 원망하지 않을 수 있었고, 감사하며 버팀으로써 입술로 죄를 짓지 않을 수 있었습니다.

만약 그 고통이 150일 동안 계속되었다면, 아니 150일은 고사하고 단 1주일 동안만 계속되었더라면 저는 제 믿음을 지키지 못하고 "하나님, 도대체 제가 무엇을 그렇게 잘못했기에 저에게 이런 고통을 주십니까"라고 항변하며 하나님을 원망했을지도 모릅니다.

이마에 '하나님의 인'을 받지 않아서 '황충 재앙'이 왔을 때 황충에게 쏘이게 되면 아무리 약을 먹어도, 아무리 간절히 부르짖어 기도해도, 아무리 회개해도, 아무리 예수님의 보혈을 뿌려도,

아무리 예수 그리스도 이름으로 황충 마귀에게 명령해도 그 고통이 없어지지도 않고, 줄어들지도 않으므로, 고통을 참지 못하고 하나님께 불평하고, 하나님께 원망하고, 심지어 하나님을 저주하고 떠나는 성도들도 있게 될 것입니다.

황충은 '이마'에 '하나님의 인'을 받지 않은 사람들만 골라서 전갈과 같은 권세로 쏘기 때문에, 이 참혹한 '황충 재앙'의 고통에서 보호받을 수 있는 유일한 방법은 오직 '이마'에 '하나님의 인'을 받는 것 외에는 없습니다.

그러므로 이 글을 읽는 모든 분들은 반드시 '이마'에 '하나님의 인'을 받아서 '황충 재앙'에서 반드시 보호받으시길 간절히 바랍니다.

3) 박미란 목사님

제가 주일 예배 설교 시간에 뇌출혈 때문에 당한 고통을 성도들에게 전했는데, 그 설교를 들으신, 박미란 목사님께서 이런 카톡을 보내주셨습니다.

목사님, 몇 년 전 주님만 믿고 사탄의 일을 가볍게 얘기했다가 바늘 수만 개가 온몸을 '콕콕콕콕' 찔러서 온몸을 쏘는 것 같은 고통을 24시간 동안 받은 적이 있습니다.

물을 찾아 먹을 수도 없고, 화장실에 걸어갈 힘도 없고…

그래도 주님께서 주관하시는 일이라서 감사하게도 24시간 만에 끝났습니다.

그래서 저는 목사님께서 겪은 고통이 어떤 것인지 금방 이해가 되었습니다.

'황충'이 쏘는 고통이 얼마나 무서운지 이해합니다.

고생이 많으셨고 수고하셨습니다. 우리 모두에게 주시는 주님의 은혜입니다.

목사님 미리 깨달을 수 있도록 해주셔서 감사합니다.

주님께 감사, 찬송, 영광 올려드립니다~!

박목사님도 바늘로 온 몸을 '콕콕콕콕' 찌르는 듯한 고통으로 인하여 '물을 찾아 먹을 수도 없고, 화장실에 걸어갈 힘도 없는 고통**(왜냐하면 그런 고통이 있을 때에는 모든 신경이 그 고통에 집중되어 있기 때문에 다른 것을 아무것도 할 수 없습니다)**'을 받으셨다고 하셨는데, '황충 재앙의 고통'이 바로 그런 고통과 같습니다. 여러분들 가운데에서도 그런 고통을 경험하신 분들이 계신다면, 그런 고통이 바로 '황충 재앙' 때 받게 될 고통'과 같은 것이고, '이마'에 '하나님의 인'을 받지 않은 사람들이 150일 동안 계속해서 고통 가운데 있는 것이 바로 '황충 재앙'이며, '이마'에 '하나님의 인'을 받지 않아서 적그리스도가 다스리는 '대 환난'의 시대에 666표(베리칩)를 받은 사람들이 지옥에 가서 영원토록 그런 고통을 받는 것입니다(그래서 **지옥에는 '절대로' 가지 말아야 합니다**).

그러므로 앞으로 다가올 '황충 재앙의 고통'에서 벗어날 수 있는 유일한 방법은 '이마'에 '하나님의 인침'을 받는 방법밖에 없으므로, 사랑하는 여러분들이여, 모두가 '이마'에 '하나님의 인침'을 받으시길 기도합니다.

계9:3 또 황충이 연기 가운데로부터 땅 위에 나오매 그들이 땅에 있는 전갈의 권세와 같은 권세를 받았더라

계9:4 그들에게 이르시되 땅의 풀이나 푸른 것이나 각종 수목은 해하지 말고 오직 '이마'에 '하나님의 인'침을 받지 아니한 사람들만 해하라 하시더라

계9:5 그러나 그들을 죽이지는 못하게 하시고 다섯 달 동안 괴롭게만 하게 하시는데 그 괴롭게 함은 전갈이 사람을 쏠 때에 괴롭게 함과 같더라

계9:6 그 날에는 사람들이 죽기를 구하여도 죽지 못하고 죽고 싶으나 죽음이 그들을 피하리로다

5. 사랑의 하나님께서 '황충 재앙'을 허락하시는 이유

황충 재앙의 고통은 한 마디로 말하면 지옥의 고통입니다.

150일 동안의 황충 재앙의 고통은 지옥에 가서 150일 동안 지옥의 고통을 받는 것과 같습니다.

이렇게 참혹한 고통을, 사랑의 하나님께서는 왜 사랑하는 자녀들에게까지 겪게 하시는 것일까요?

많은 성도들이 이해 안 되겠지만, 그것은 하나님의 사랑에서부터 나온 것입니다.

이제 곧 있으면 '적그리스도'가 등장하여 많은 사람들과 '7년 평화 조약'을 맺으며 자신이 메시야인 것처럼 가장하지만, '3년 반'이 지나면 갑자기 본색을 드러내고 돌변하여, 전 세계 모든 사람들로 하여금 '666표'를 받게 합니다.

그렇게 되면 거의 모든 사람들(심지어 거의 모든 성도들까지)이 '666표'를 받게 되는데, 성경은 '666표를 받는 모든 사람들이 불과 유황으로 타는 못인 지옥에 가서 영원토록 고통을 받게 된다'라고 말하고 있습니다(계14:9-11). 그런데 오직 유일하게 '666표'를 안 받는 사람들이 바로 '이마'에 '하나님의 인침'을 받은 성도들입니다.

'황충 재앙'의 고통이 바로 지옥에 가서 받는 고통인데, '이마'에 '하나님의 인침'을 받지 못해서 150일 동안 지옥의 고통을 처절하게 겪은 성도들은 지옥에서 영원토록 형벌을 받는다는 것이 얼마나 처절한 고통인지 깨닫게 되고, '대 환난' 때 666표를 거절하고 이기는 자가 되기 위해서는 반드시 '이마'에 '하나님의 인침'을 받아야 함을 깨닫고, 이 '황충 재앙'을 통하여 각 나라와 족속과 백성과 방언에서 아무도 능히 셀 수 없는 큰 무리가 '이마'에 '하나님의 인'을 받게 되어 '대 환난' 때 '이기는 자'가 되어 예수님께서 영혼들을 추수하실 때(계14:14-16) '알곡'으로 추수되어 하나님의 보좌 앞에서 하나님을 찬양하게 되는 것입니다(계7:9-12).

  그러므로 다섯 번째 나팔 재앙인 '황충 재앙'은 사랑의 하나님께서 사랑하는 자녀들에게 "곧 적그리스도가 나타나서 전 세계 모든 사람들로 하여금 '666표'를 받게 하여 모든 사람들을 불과 유황으로 타는 지옥에 가게 하려는데, '666표'를 거절하여 이기는 자가 되기 위해서는 '이마'에 '하나님의 인침'을 받아야 한다. 그러므로 모든 성도들아, '이마'에 '하나님의 인'을 받아라!"라고 피눈물로 외치시는 '사랑의 절규'인 것입니다!

계14:9 또 다른 천사 곧 셋째가 그 뒤를 따라 큰 음성으로 이르되 만일 누구든지 짐승과 그의 우상에게 경배하고 '이마'에나 손에 표를 받으면

10 그도 하나님의 진노의 포도주를 마시리니 그 진노의 잔에 섞인 것이 없이 부은 포도주라 거룩한 천사들 앞과 어린 양 앞에서 불과 유황으로 고난을 받으리니

계7:11 그 고난의 연기가 세세토록 올라가리로다 짐승과 그의 우상에게 경배하고 그의 이름 표를 받는 자는 누구든지 밤낮 쉼을 얻지 못하리라 하더라

계7:9 이 일 후에 내가 보니 각 나라와 족속과 백성과 방언에서 아무도 능히 셀 수 없는 큰 무리가 나와 흰 옷을 입고 손에 종려 가지를 들고 보좌 앞과 어린 양 앞에 서서

10 큰 소리로 외쳐 이르되 구원하심이 보좌에 앉으신 우리 하나님과 어린 양에게 있도다 하니

11 모든 천사가 보좌와 장로들과 네 생물의 주위에 서 있다가 보좌 앞에 엎드려 얼굴을 대고 하나님께 경배하여

12 이르되 아멘 찬송과 영광과 지혜와 감사와 존귀와 권능과 힘이 우리 하나님께 세세토록 있을지어다 아멘 하더라

6. '하나님의 인침'이란 무엇인가?

우리는 지금 요한 계시록이 성취되고 있는 시대에 살고 있습니다.

부족한 종이 지난 2022년에 「주님 오시리 곧 오시리」라는 책을 쓸 때 성령님께서 "지금은 '여섯째 인'이 떼어진 시대이다"라고 말씀하셨었습니다. 저는 언제 여섯째 인이 떼어졌는지는 모르지만 분명한 것은 진즉 여섯째 인이 떼어졌다는 것입니다.

그런데 여섯째 인이 떼어지면 크게 '두 가지 사건이 있다'라고 성경은 말합니다.

첫째, 천재지변이 있게 됩니다.

계6:12 내가 보니 여섯째 인을 떼실 때에 큰 지진이 나며 해가 검은 털로 짠 상복 같이 검어지고 달은 온통 피 같이 되며

계6:13 하늘의 별들이 무화과나무가 대풍에 흔들려 설익은 열매가 떨어지는 것 같이 땅에 떨어지며

계6:14 하늘은 두루마리가 말리는 것 같이 떠나가고 각 산과 섬이 제 자리에서 옮겨지매

둘째, 천사들이 하나님의 종들의 '이마'에 인을 치고 다닙니다.

계7:1 이 일 후에 내가 네 천사가 땅 네 모퉁이에 선 것을 보니 땅의 사방의 바람을 붙잡아 바람으로 하여금 땅에나 바다에나 각종 나무에 불지 못하게 하더라

계7:2 또 보매 다른 천사가 살아 계신 '하나님의 인'을 가지고 해 돋는 데로부터 올라와서 땅과 바다를 해롭게 할 권세를 받은 네 천사를 향하여 큰 소리로 외쳐

계7:3 이르되 우리가 우리 하나님의 종들의 '이마'에 인치기까지 땅이나 바다나 나무들을 해하지 말라 하더라

계7:4 내가 인침을 받은 자의 수를 들으니 이스라엘 자손의 각 지파 중에서 인침을 받은 자들이 십사만 사천이니

계6:12에서 여섯째 인이 떼어졌고 계8:1에서 일곱째 인이 떼어지므로, 천사들이 하나님의 종들의 '이마'에 인을 치고 다니는 7장의 사건은 '여섯째 인이 떼어졌을 때 있는 일'인 것입니다.

그렇다면 '하나님의 인'이란 무엇일까요?

'인'은 도장을 말합니다. 우리들이 사용하는 '인(도장)'에는 우리들 자신의 이름이 있습니다. 그러므로 '이마'에 '하나님의 인을 친다'는 의미는 '이마'에 '하나님의 이름을 새기는 것'입니다. 계7장

에서 '이마'에 '하나님의 인'을 받은 이스라엘 144,000명이 계14장에서 또 나오는데, 그들의 '이마'에 '어린 양의 이름과 아버지의 이름을 썼다'고라 말하고 있습니다.

계14:1 또 내가 보니 보라 어린 양이 시온 산에 섰고 그와 함께 십사만 사천이 서 있는데 그들의 '이마'에는 어린 양의 이름과 그 아버지의 이름을 쓴 것이 있더라

'어린 양의 이름'은 잘 아시다시피 '예수'입니다. 그러면 아버지의 이름은 무엇일까요?

사9:6 말씀을 보면 이사야 선지자가 오실 메시야에 대하여 예언하는 것을 봅니다.

사9:6 이는 한 아기가 우리에게 났고 한 아들을 우리에게 주신 바 되었는데 그의 어깨에는 정사를 메었고 그의 이름은 기묘자라, 모사라, 전능하신 하나님이라, 영존하시는 아버지라, 평강의 왕이라 할 것임이라

한 아기 = 한 아들 = 예수 그리스도 = 정사를 메신 분 = 기묘자 = 모사 = 전능하신 하나님 = 영존하시는 아버지 = 평강의 왕인데, 예수님을 '영존하시는 아버지'라고도 했으므로 시온산에 선

144,000명의 '이마'에 쓰인 '어린 양의 이름'= '그 아버지의 이름' = '예수'이므로, 계7:1-4에서 하나님의 종들의 '이마'에 천사들이 '하나님의 인'을 친다는 것은 하나님의 종들의 '이마'에 "예수"라고 새기는 것을 말합니다.

혹자는 '성령=하나님'이시므로 '성령의 인'='하나님의 인'이라고 말합니다. 하지만 성경을 자세히 보면 '성령의 인'과 '하나님의 인'은 전혀 다른 것임을 알 수 있습니다.

〈'성령의 인'과 '하나님의 인'이 전혀 다른 점〉

1) 인치는 '대상'이 다릅니다

'성령의 인'은 '불신자'가 복음을 듣고 예수님을 믿을 때 성령님께서 인을 치시는 것이고, '하나님의 인'은 이미 예수님을 믿고 성장하여 '하나님께 종으로 쓰임 받는 성도들'에게 인치는 것으로 인치는 대상이 전혀 다름을 알 수 있습니다.

엡1:13 그 안에서 너희도 진리의 말씀 곧 너희의 구원의 복음을 듣고 그 안에서 또한 믿어 약속의 성령으로 인치심을 받았으니

계7:3 이르되 우리가 우리 하나님의 종들의 '이마'에 인치기까지 땅이나 바다나 나무들을 해하지 말라 하더라

2) 인 받는 '위치'가 전혀 다릅니다

'성령의 인'은 예수님을 구주로 영접할 때 성령님께서 우리들의 마음에 들어오셔서 '마음'에 인을 치시는 것이고, '하나님의 인'은 하나님의 종들의 '이마'에 인을 받게 함으로써, 인치는 '위치'가 전혀 다름을 알 수 있습니다.

고후1:22 그가 또한 우리에게 인치시고 보증으로 우리 마음에 성령을 주셨느니라

계7:3 이르되 우리가 우리 하나님의 종들의 '이마'에 인치기까지 땅이나 바다나 나무들을 해하지 말라 하더라

3) 인 치는 '시기'가 다릅니다

'성령의 인'은 '오순절 성령 강림 이후'부터 사람들이 예수님을 믿고 영접할 때 인을 받았고, '하나님의 인'은 '여섯째 인이 떼어진 후'에 나타나는 사건으로서 인치는 '시기'가 전혀 다름을 알 수 있습니다.

엡1:13 그 안에서 너희도 진리의 말씀 곧 너희의 구원의 복음을 듣고 그 안에서 또한 믿어 약속의 성령으로 인치심을 받았으니

계6:12 내가 보니 여섯째 인을 떼실 때에 큰 지진이 나며 해가 검은 털로 짠 상복 같이 검어지고 달은 온통 피 같이 되며

계7:3 이르되 우리가 우리 하나님의 종들의 '이마'에 인치기까지 땅이나 바다나 나무들을 해하지 말라 하더라

4) 인을 치는 '의미와 목적'이 다릅니다

'성령의 인'은 '너는 이제 하나님의 소유이고, 자녀이다'라는 의미로 인을 쳐주셔서 하나님을 '아바 아버지'라고 부르게 하시는 것이고(**롬8:15-16**), '하나님의 인'은 '황충 재앙'이 있을 때, 그리고 '대환난' 때 '하나님께서 동행하시고 지켜주신다'는 의미로 인을 치시는 것입니다.

계14:1 또 내가 보니 보라 어린 양이 시온 산에 섰고 그와 함께('**메타**') 십사만 사천이 서 있는데 그들의 '이마'('**메토폰**')에는 어린 양의 이름과 그 아버지의 이름을 쓴 것이 있더라

이처럼 '성령의 인'과 '하나님의 인'은 인치는 대상, 인 받는 위치, 인 치는 시기, 인 받는 목적이 전혀 다름을 알 수 있습니다.

그러므로 이 마지막 시대에, 특별히 '황충 재앙'이 다가오고, 적

그리스도가 다스리는 '대 환난'의 시대가 오고 있는 이때, 이미 '성령의 인'을 받은 모든 성도들이 '이긴 자'가 되어 첫째 부활에 들어가서 혼인 잔치에 참여하려면 반드시 '이마'에 '하나님의 인 침'을 받아야 할 것입니다.

7. '이마'에 '하나님의 인침'을 받기 위한 조건들

계14:1 또 내가 보니 보라 어린 양이 시온 산에 섰고 그와 함께 십사만 사천이 서 있는데 그들의 '이마'에는 어린 양의 이름과 그 아버지의 이름을 쓴 것이 있더라

14:2 내가 하늘에서 나는 소리를 들으니 많은 물 소리와도 같고 큰 우렛소리와도 같은데 내가 들은 소리는 거문고 타는 자들이 그 거문고를 타는 것 같더라

14:3 그들이 보좌 앞과 네 생물과 장로들 앞에서 새 노래를 부르니 땅에서 속량함을 받은 십사만 사천 밖에는 능히 이 노래를 배울 자가 없더라

14:4 이 사람들은 여자와 더불어 더럽히지 아니하고 순결한 자라 어린 양이 어디로 인도하든지 따라가는 자며 사람 가운데에서 속량함을 받아 처음 익은 열매로 하나님과 어린 양에게 속한 자들이니

14:5 그 입에 거짓말이 없고 흠이 없는 자들이더라

계14:1-3 말씀을 보면 '이마'에 '하나님의 인침'을 받은 이스라엘 성도들 144,000명이 나오는데, 계14:4-5 말씀을 보면 '이마'에 '하나님의 인침'을 받은 그들이 어떤 신앙의 소유자인지 말하고 있습니다.

1) 여자와 더불어 더럽히지 않은 순결한 성도

계시록에서는 '이 세상'이라는 바벨론을 '땅의 음녀들과 가증한 것들의 어미(계17:5)'라고 하였기 때문에 '여자와 더불어 더럽히지 아니하고 순결한 성도'란 '세상이라는 음녀를 사랑하지 않고 예수 그리스도를 사랑하는 순결한 성도들'을 의미합니다. 그런데 요일2:16말씀을 보면 세상에 있는 모든 것이 육신의 정욕과 안목의 정욕과 이생의 자랑이라고 말하고 있으므로 '이마'에 '하나님의 인침'을 받기 위해서는 육신의 정욕과 안목의 정욕과 이 세상의 자랑을 버리고 오직 예수 그리스도를 사모하며 사랑하는 신앙을 갖추어야 합니다.

요일2:15 이 세상이나 세상에 있는 것들을 사랑하지 말라 누구든지 세상을 사랑하면 아버지의 사랑이 그 안에 있지 아니하니
요일2:16 이는 세상에 있는 모든 것이 육신의 정욕과 안목의 정욕과 이생의 자랑이니 다 아버지께로부터 온 것이 아니요 세상으로부터 온 것이라

2) 어린 양이 어디로 인도하든지 따라가는 성도들

마16:24-25을 보면 예수님께서 "누구든지 나를 따라오려거든 자기를 부인하고 자기 십자가를 지고 나를 따를 것이니라. 누구

든지 제 목숨을 구원하고자 하면 잃을 것이요 누구든지 나를 위하여 제 목숨을 잃으면 찾으리라"고 말씀하시면서 주님을 따라가려면 ①자기를 부인해야 하고, ②주님을 위하여 죽을 각오, 순교할 각오를 해야 한다고 말씀하셨습니다.

그러므로 '이마'에 '하나님의 인침'을 받기 위해서는 자기를 철저히 부인하고 주님께 순종하며 따라가되 예수님을 위하여 죽을 각오, 순교할 각오를 하고 주님을 따라가는 신앙을 갖추어야 합니다.

3) 입에 거짓말도 없고 흠도 없는 성도들

하나님께서는 아론의 후손 중에서 '흠이 있는 자'는 제사장이 되지 못하게 하셨습니다. 왜냐하면 하나님께서는 거룩하시기 때문에 하나님을 섬기는 제사장도 거룩해야 하기 때문입니다(레 21:21,23).

하나님께서는 우리들이 흠이 없는 성도가 되게 하시려고 구원하셨으며(엡1:4-5), 왕 같은 제사장인 우리들은 성전 뜰의 죄(입술과 육체로 지은 죄), 성소의 죄(마음과 생각으로 지은 죄), 지성소의 죄(하나님 앞에서의 티끌만한 죄까지)들을 철저히 회개함으로써 '이마'에 '하나님의 인침'을 받을 자격을 갖추어야 합니다.

특히 예수님을 믿고 구원받았다 할지라도 거짓말을 끊지 못하면 새 예루살렘 성안에 들어갈 수 없기 때문에 반드시 사소한 거짓말까지 회개하고 끊어야 합니다.

계22:15 개들과 점술가들과 음행하는 자들과 살인자들과 우상 숭배자들과 및 거짓말을 좋아하며 지어내는 자는 다 '성 밖'에 있으리라

재미있게 말하기 위해서 사실보다 과장해서 말하는 것도 거짓말이고, 사실보다 축소해서 말하는 것도 거짓말입니다. 자기의 양심을 속이고 말하는 것도 거짓말이고, 사실 확인도 안 해보고 내 생각을 더해서 추측으로 말하는 것도 거짓말입니다. 안 본 것을 본 것처럼 말하는 것도 거짓말이고, 잘 모르면서 아는 것 같이 말하는 것도 거짓말입니다. 약속해놓고 지키지 않은 것도 거짓말을 한 것이고, 서원해놓고 지키지 않은 것도 거짓말한 것입니다. '이마'에 '하나님의 인침'을 받은 이스라엘 144,000명은 이런 거짓말이 발견되지 않았기 때문에 '이마'에 '하나님의 인침'을 받은 것입니다.

특별히 서사라 목사님께서 천국에 가셨을 때 예수님께서는 다음과 같은 조건을 갖추어야 '이마'에 '하나님의 인침'을 받을 수 있다고 말씀하셨답니다.

1) 철저히 회개해야 한다.

2) 세상의 욕심을 버려라.

3) 중독 상태에서 벗어나라 (술, 돈, 폭력, 사소한 거짓말, 음란, TV 등 하나님보다 우선에 둔 것들 모두)

4) 오직 하나님만 바라보아야 한다.

5) 복음을 위해서, 주님을 위해서 순교의 각오가 되어라.

그러므로 이 글을 읽는 모든 성도님들은 위와 같은 조건들을 다 갖추어서 모두가 '이마'에 '하나님의 인침'을 받아 다섯째 나팔 재앙인 '황충 재앙'에서 하나님의 보호를 받기를 바라며, 더 나아가 적그리스도가 다스리는 '대 환난'의 때 하나님의 보호를 받아 '666표'를 받지 않고 '이기는 자'가 되어서 첫째 부활에 참여하여 새 예루살렘 성안에 들어갈 수 있길 바랍니다.

8. '하나님의 인침'에 대하여 전하지 못하도록 집요하게 공격하는 마귀의 역사들

목회자 사모 신문에서 '하나님의 인'에 대하여 기고해달라 했었습니다. 그래서 '어떻게 글을 써서 보내야 하나...' 고민하다 보니 벌써 원고 마감일이 되었습니다.

낮에는 모임이 있어서 모임에 참석한 뒤 밤에 원고를 마무리하기 위해 컴퓨터에 앉아서 글을 쓰는데 밤 12시가 넘었고, 피곤해서 그런지 저도 모르게 의자에 앉은 채로 잠이 들었나 봅니다.

그런데 꿈속에서 나의 손에 계속해서 전기가 '찌릿찌릿' 오듯 하였습니다.

'왜 내 손에 전기가 찌릿찌릿하지....?'하는데 어디선가,
"손이 뱀에게 물렸는데, 뱀의 독이 들어와서 그래!"라는 음성이 들렸습니다(예수님의 음성 같았습니다).

자세히 보니 여름이 다가와서 풀들이 많이 자랐는데, 그 풀들 사이에 뱀이 숨어 있다가 갑자기 제 손을 물었기 때문에, 저는 뱀이 손를 문 줄도 모른 것이었습니다. 그러다가 잠이 깨었습니다.

잠이 깬 저는 '뱀에게 물리는 꿈을 한 번도 꾼 적이 없는데, 무슨 이런 꿈을 꾸지...'하며 이상히 생각하고 내 핸드폰에 '꿈속에

서 뱀에게 물림'이라고 메모해놓고, 원고를 마감한 뒤, 목회자 사모 신문사 국장님에게 원고를 보낸 뒤 잠자려고 시계를 보니 새벽 3시가 훨씬 넘었습니다. 이 시간에 잠을 잔 뒤 새벽 5:30에 일어나서 새벽기도를 인도한다는 것은 너무 힘들어 보였습니다. 그래서 사모에게 '이제야 잠자니까 새벽 기도회 때 나를 깨우지 말아'라는 문자를 보내고 잠을 잤습니다.

다음 날 오전 10시.
운동하다가 아킬레스건이 끊어져서 수술받고 집에 있는 아들에게 닭볶음탕을 만들어주기 위해서 주방에서 열심히 일하고 있는데, 갑자기 "악~~ " 하는 소리가 들렸습니다. 나는 놀라서 "무슨 일이야? 왜 그래?"하고 묻자, 욕실에 간 아들이 씻은 뒤 몸을 닦기 위해서 한 발로 서서 수건을 잡으려고 했는데 수건을 걸어놓은 수건걸이가 갑자기 '쑥' 빠져버리게 되어 몸이 넘어지려고 하자 엉겁결에 발을 내딛으며 중심을 잡았는데, 하필 그 다리가 약 한 달 전쯤에 아킬레스건이 끊어져서 수술한 다리였던 것입니다. 완치가 안 된 발을 펴서 중심을 잡았더니 수술받은 곳이 충격을 받아 아킬레스건이 또 끊어진 듯이 아프다고 계속 소리를 질러댔습니다. '이런... 어쩐다냐....'
저는 아들에게 "오후에 병원에 가서 사진 찍어보자"고 말했습니다. 아들은 한동안 그 통증 때문에 너무나 아프다면서 소리를 질러댔습니다. '얼마나 아팠으면 저럴까....'

아들이 병원에 전화를 했더니 병원에서는 오후 4:30쯤 오라고 한답니다. 그런데 하필이면 나에게 오후 4시에 손님이 오기로 해서, 아들이 먼저 택시 타고 병원에 가고, 저는 잠깐 손님을 만난 후 병원에 가기로 했습니다. 교회에서 손님과 이야기하는 동안에 병원에 간 아들에게서 전화가 왔는데, 저번에 수술받은 아킬레스건 아래쪽이 끊어졌다면서 다음 주 화요일에 또 아킬레스건을 잇는 수술하기로 했다고 합니다.

세상에... 남들은 일생에 한 번 끊어지기도 어렵고, 저도 축구를 하면서 수없이 다쳤었지만, 아킬레스건이 끊어진 적은 한 번도 없었는데 한 달여 만에 아킬레스건이 또 끊어지다니, 어떻게 이런 일이 생길 수 있단 말인가....

그런데 아들이 또 아킬레스건을 잇는 수술을 받는다는 말을 듣는 순간, 저는 새벽에 꾸었던 꿈이 생각났습니다. '이것이 바로 뱀 마귀에게 물린 사건이란 말인가...' 내가 '하나님의 인'에 대하여 신문에 기고하자, '하나님의 인'에 대하여 글을 쓰는 것을 극도로 싫어한 마귀가 분노해서 아들을 공격하여 다치게 한 것임이 깨달아졌습니다. 하나님께서는 꿈을 통하여 미리 알려주셨기 때문에 제가 평소와 같이 새벽에 기도하면서 깨어 있어야 했는데, 저는 미련하게도 자느라고 기도하지 못해서 일어난 사건인 것입니다.

성도들이 '하나님의 인침'에 대하여 몰라서 '이마'에 '하나님의 인침'을 못 받으면, 마귀는 '황충 재앙' 때 대부분의 성도들로 하여금 '황충 재앙'의 고통을 받게 하고, 그 고통을 통해서 하나님을 믿는 믿음에서 떠나게 만들 수 있을 뿐 아니라, '대 환난' 때 '666표'를 받게 만들어서 지옥에 가게 만들 수 있는데(계14:9-11), 제가 '하나님의 인'에 대하여 기고함으로써 많은 성도들이 '하나님의 인'에 대하여 알게 되고, '하나님의 인'을 받음으로써 다섯 번째 나팔 재앙인 '황충 재앙'에서 보호받게 되고, 더 나아가 적그리스도가 다스리는 '대 환난 때' 하나님의 보호를 받아서 '666표(베리칩)'를 안 받게 되므로, 마귀는 제가 '하나님의 인'에 대하여 글을 쓰는 것에 대하여 극도로 분노해서, 틈을 타서 아들을 공격한 것을 보니 '하나님의 인'에 대하여 글 쓰는 것을 마귀가 얼마나 싫어하는지를 알 것 같았습니다. 제가 깨어 기도했어야 했는데, 제가 피곤하다는 이유로 목사가 새벽 기도를 빼먹고 잠자는 바람에 아들의 아킬레스건이 끊어져버렸으니, 기도 안 한 제 죄가 너무 크다는 자책감이 들었습니다..

아들이 수술받는 날 오전10시.
수술받는 아들에게 기도해주기 위해서 머리에 안수하면서 기도해주는데 성령님께서 말씀하셨습니다. "사랑하는 아들아, 내가 너를 사랑한다. 네가 받는 고난은 나를 위한 고난이므로 네가 천국에 오면 내가 상급으로 갚아 주리라. 내가 너와 함께 할 것이니 아무것도 염려하거나 두려워하지 마라."

성령님께서 말씀하시는 대로 아들에게 대언하며 말해주는데 갑자기 환상이 보였습니다. 의사가 수술을 하고 있는데 수술실 안 위쪽에서 누군가가 수술하는 것을 지켜보고 있었습니다. 자세히 보니까 예수님께서 그 수술실에 오셔서 아들이 수술하고 있는 것을 보고 계시는 것이었습니다. '주여….'

제가 '하나님의 인침'에 대하여 신문에 기고하는 것이 주님을 기쁘시게 하는 일이지만, 마귀에게는 분노하게 하는 일이기 때문에 아들을 공격해서 아킬레스건이 끊어지도록 할 것을 아신 주님께서 예언적인 꿈을 꾸게 하셔서 경고하셨지만, 제가 우둔하고 미련하여서 그 꿈을 깨닫지 못하고, 기도하지 못해 결국은 아들의 아킬레스건이 끊어져서 또 수술받게 되자 주님께서 친히 그 수술실에 오셔서 아들이 수술받는 것을 보고 계시는 것을 보여주신 것이었습니다. 주님을 위하여 고난 받아 수술받는 수술실에 예수님께서 오신 것입니다.

아들이 수술을 잘 받도록 기도해 준 후 잠시 병원에서 나와 운전하며 돌아가는데, 수술에 대하여 아무런 걱정과 두려움도 없이 웃는 모습으로 수술실에 들어가는 아들의 얼굴이 떠오르며 제 마음속에서는 통곡이 터져나왔습니다. 주님을 위해서 고난받는 것이 분명 축복이고, 천국에서 상급 받을 일이지만, 수술받는 고통을 겪어야 하는 아들을 보는 제 마음이 고통스러운 것은 아버지로서 어찌할 수 없는 마음인가 봅니다. 운전대를 붙잡고 눈물을 '펑펑' 흘리며 통곡하며, "주여, 아들과 함께 하여 주옵소서! 수술실에서 수술받는 아들과 함께 하여 주옵소서!"라고 기도하고 또 기도하였습니다.

그때 예수님께서 십자가에 못 박혀서 피를 흘리며 이루 말할 수 없는 고통 가운데 있는 모습을 하나님 아버지께서 보시면서도, 예수님께서 고통당하시는 그 모습을 보신 그대로 보실 수 밖에 없었던 하나님 아버지께서 피눈물을 흘리시며 통곡하시면서 우셨다는 감동이 왔습니다. '그렇구나... 예수님께서 십자가에서 마지막 피 한 방울까지 흘리며 처절한 고통 가운데 죽어가실 때 하나님 아버지께서는 그 모습을 보시며 통곡하셨구나....'

주님을 위한 고난의 현장은 평상시에 깨닫지 못하는 주님의 은혜를 깊이 깨닫는 자리였습니다. 그 은혜를 깨달은 저는 눈물로 기도하였습니다.

"주여, 아들의 고난이 헛되지 않도록 계속해서 '하나님의 인침'에 대하여 전하겠습니다. 많은 성도들이 '하나님의 인침'에 대하여 깨닫고, '이마'에 '하나님의 인침'을 받기 위하여 간절히 기도하여 많은 사람들이 '이마'에 '하나님의 인침'을 받아 '황충 재앙'에서 보호받고, 적그리스도가 다스리는 '대 환난' 때 목숨 걸고 '666표'를 거절하여 '이기는 자'가 되어서 첫째 부활에 참여하게 해 주옵소서!!"

9. 저는 하루에 최소한 세 시간씩 기도하려고 합니다

저는 매일 최소한 3시간 이상씩 기도하려고 합니다. 어떤 때는 세 시간 못할 때도 있고, 어떤 때는 네 시간, 혹은 다섯 시간 이상을 기도할 때도 있으나, 하루 기도 시간의 목표 분량은 세 시간입니다.

새벽 5:30에 새벽 기도회를 시작하면 찬송가 한 장 부르고, 성경 세 장 읽은 후, 새벽 기도회에 나온 성도들과 같이 한, 두 가지 합심 기도를 한 뒤 주기도문으로 마칩니다. 그 후, 새벽 기도회 시간 전에 미리 일찍 와서 기도한 성도들이 가정으로 돌아가고 나면 저와 사모, 그리고 조금 늦게 출근해도 되시는 권사님 한 분(**간혹 한두 분의 성도님들이 더 있을 때도 있지만**)이 남아서 기도하는데, 제가 마이크로 기도 제목을 주면서 약 한 시간 동안(**혹은 그 이상**) 합심하여 기도합니다. 이때 나라와 민족, 선교사들, 그리고 아프거나 어려움이 있는 성도들, 구원받아야 할 사람들, 교회에 나오는 장애우들, 교회 행사, 기타의 문제들을 위하여 기도하는데 80가지가 넘습니다.

이렇게 합심 기도를 마치면 사모는 학교에 출근하기 위해서 사택으로 올라가고, 저와 권사님이 남아서 각자 개인 기도를 하는데, 권사님은 기도하시다가 먼저 가시고, 저는 최소한 9시까지(혹은 그 이상) 기도하는데, 제 자신과 제가 아는 불신자들의 구원을 위하여, 제 주위의 성도들과 목회자들이 '하나님의 인'을 받고, '신부 예복'을 입어서 곧 오실 주님 맞이할 준비를 하도록 두 시간 정도 기도하는데, 50가지가 넘어서 하루 3시간 동안의 기도에 총 130여 가지를 기도하며 기도의 양을 채웁니다.

그러므로 저에게 있어서 하루 생활 중 가장 중요한 시간은 새벽 기도를 마친 후 합심 기도하는 시간부터 개인 기도를 마치는 9시까지 3시간 동안 기도하는 시간입니다. 이렇게 기도해야 하니 다른 곳에 가서 하룻밤 자고 오게 되면 세 시간의 기도 시간이 없어지고, 130여 가지의 중보 기도를 하지 못하므로, 웬만하면 다른 곳에는 안 가려고 합니다. (물론 외부 사역이 있을 때는 예외입니다. 그리고 이것은 하나님께서 제게 주신 기도의 사명이므로 모든 분들이 저와 같이 살아야 하는 것은 아닙니다).

저에게는 하루에 3시간 이상 기도를 하는 것이 제일 중요하므로 이렇게 기도하는 시간을 빼앗기게 되면, 영적으로 별 의미 없는 하루가 되는 것입니다. 그래서 새벽에 기도하는 시간을 빼앗기지 않으려고 몸부림칩니다. 어떤 때는 기도가 잘 되어서 3시간이 쉽게 지나가기도 하지만, 어떤 때는 기도가 잘 안되어서 3시간의 기도 분량을 채우는 것이 힘들기도 합니다. 그래도 세 시간의 기도 시간을 채우려고 몸부림칩니다. 그런데 몸부림치다 보면 어느 순간에 다시 기도의 영이 임하여 은혜 가운데 기도를 마치고 갑니다. 간혹 기도하다가 성령의 감동받아 새로운 찬양이 떠오르면 피아노를 치며 새로운 찬양곡을 작곡하기도 합니다.

이렇게 매일, 철저히 회개하며, 기도하려고 하다 보니 영이 깨끗해지기도 하고, 성령으로 충만해지기도 합니다. 이렇게 되면 하나님의 음성을 잘 들을 수 있는 영적 상태가 되기에 성령님의 음성이 잘 들리는 것 같습니다.

그래서 부족한 제가 예수님을 세 번 만나고, 수많은 성령님의 음성을 들을 수 있게 된 것은, 첫째는 예수님의 은혜요, 둘째는 '철저한' 회개를 통하여 마음이 늘 청결한 상태를 유지하려고 애쓰며(마5:8), 깊은 단계의 성령 충만을 사모하는 마음으로 매일 긴 시간 동안 기도하려는 것에서 기인합니다.

하나님께서 이제까지 부족한 저에게 말씀해 오셨던 다양한 방법들을 말씀드립니다.

(자세한 간증들은 부족한 종이 쓴 「주님 오시리 곧 오시리」에 많이 실려 있으므로 그 책을 읽으면 큰 도움이 될 것입니다.

1) 우레와 같은 음성으로 몇 번 말씀하셨음(행9:3-5)

행9:3 사울이 길을 가다가 다메섹에 가까이 이르더니 홀연히 하늘로부터 빛이 그를 둘러 비추는지라

행9:4 땅에 엎드러져 들으매 소리가 있어 이르시되 사울아 사울아 네가 어찌하여 나를 박해하느냐 하시거늘

행9:5 대답하되 주여 누구시니이까 이르시되 나는 네가 박해하는 예수라

- '소리가 있어' = (헬) '포네' = (히) '콜' = '천둥소리'

출19:16 셋째 날 아침에 우레와 번개와 빽빽한 구름이 산 위에 있고 나팔 소리가('콜') 매우 크게 들리니 진중에 있는 모든 백성이 다 떨더라

예전에 천국과 지옥을 다녀오셔서 수많은 집회를 하면서 수많은 사람들을 회개의 길로 인도하셨던 박영문 장로님이 들었던 "이리 오너라!", "믿겠느냐~"라는 음성이 바로 '우레'와 같은 하나님의 음성이었습니다.

2) 환상을 통하여 자주 말씀하셨음(행9:10;10:3;16:9;18:9)

행9:10 그 때에 다메섹에 아나니아라 하는 제자가 있더니 주께서 환상 중에

불러 이르시되 아나니아야 하시거늘 대답하되 주여 내가 여기 있나이다 하니

행10:3 하루는 제 구 시쯤 되어 환상 중에 밝히 보매 하나님의 사자가 들어와 이르되 고넬료야 하니

행16:9 밤에 환상이 바울에게 보이니 마게도냐 사람 하나가 서서 그에게 청하여 이르되 마게도냐로 건너와서 우리를 도우라 하거늘

행18:9 밤에 주께서 환상 가운데 바울에게 말씀하시되 두려워하지 말며 침묵하지 말고 말하라

　성령님께서는 부족한 종에게 '지식의 말씀'의 은사와 '예언'의 은사를 주셨는데, 개인적으로 기도할 때나, 성도들을 위하여 기도해줄 때 가끔 환상을 보여 주시기도 합니다. 이런 현상은 기도를 깊이 하는 분들에게 자주 나타나는 현상입니다.

3) 꿈을 통하여 여러 번 말씀하셨음(마1:20. 2:12-13,19,22)

마1:20 마 요셉이 이렇게 생각하고 있는데, 주님의 천사가 꿈에 그에게 나타나서 말하였다. "다윗의 자손 요셉아, 두려워하지 말고, 마리아를 네 아내로 맞아들여라. 그 태중에 있는 아기는 성령으로 말미암은 것이다. (새 번역)

마2:12 그리고 그들은 꿈에 헤롯에게 돌아가지 말라는 지시를 받아, 다른 길로 자기 나라에 돌아갔다.

마2:13 박사들이 돌아간 뒤에, 주님의 천사가 꿈에 요셉에게 나타나서 말하였다. "헤롯이 아기를 찾아서 죽이려고 하니, 일어나서, 아기와 그 어머니를 데리고 이집트로 피신하여라. 그리고 내가 너에게 말해 줄 때까지 거기에 있어라."

성령님께서는 부족한 종에게 꿈을 통하여 말씀하시기도 하는데, 이런 현상도 기도를 깊이 하는 분들에게 자주 나타나는 현상입니다.

4) 세미한 음성으로 수없이 말씀하셨음(왕상19:12-16)

왕상19:12 또 지진 후에 불이 있으나 불 가운데에도 여호와께서 계시지 아니하더니 불 후에 세미한 소리가 있는지라

왕상19:12 그 바람이 지나가고 난 뒤에 지진이 일었지만, 그 지진 속에도 주님께서 계시지 않았다. 지진이 지나가고 난 뒤에 불이 났지만, 그 불 속에도 주님께서 계시지 않았다. 그 불이 난 뒤에, 부드럽고 조용한 소리가 들렸다.(새 번역)

5) 말씀을 묵상하고 연구할 때 깨달음을 통하여 수없이 말씀하셨음(단9:1-2)

단9:1 메대 족속 아하수에로의 아들 다리오가 갈대아 나라 왕으로 세움을 받던 첫 해

단9:2 곧 그 통치 원년에 나 다니엘이 책을 통해 여호와께서 말씀으로 선지자 예레미야에게 알려 주신 그 연수를 깨달았나니 곧 예루살렘의 황폐함이 칠십 년만에 그치리라 하신 것이니라

6) 다른 사람들의 말, 권면, 책망 등을 통하여 수없이 말씀하셨음(왕하5:1-4)

왕하5:1 아람 왕의 군대 장관 나아만은 그의 주인 앞에서 크고 존귀한 자니 이는 여호와께서 전에 그에게 아람을 구원하게 하셨음이라 그는 큰 용사이나 나병환자더라

왕하5:2 전에 아람 사람이 떼를 지어 나가서 이스라엘 땅에서 어린 소녀 하나를 사로잡으매 그가 나아만의 아내에게 수종들더니

왕하5:3 그의 여주인에게 이르되 우리 주인이 사마리아에 계신 선지자 앞에 계셨으면 좋겠나이다 그가 그 나병을 고치리이다 하는지라

왕하5:4 나아만이 들어가서 그의 주인께 아뢰어 이르되 이스라엘 땅에서 온 소녀의 말이 이러이러하더이다 하니

행6:1 그 때에 제자가 더 많아졌는데 헬라파 유대인들이 자기의 과부들이 매일의 구제에 빠지므로 히브리파 사람을 원망하니

행6:2 열두 사도가 모든 제자를 불러 이르되 우리가 하나님의 말씀을 제쳐 놓고 접대를 일삼는 것이 마땅하지 아니하니

하나님께서 나아만 장군 집에 있는 어린 소녀를 통하여 나아만 장군에게 말씀하셨으며, 성령님께서는 헬라파 유대인들의 원망의 말을 통하여 열두 사도가 하나님의 말씀을 제쳐 놓고 구제하는 일에 대해 잘못되었음을 말씀하셨습니다.

이같이 성령님께서는 제 주위에 있는 사람들을 통하여 제에게 권면하시기도 하고, 책망하시기도 하셨습니다. 이처럼 성령님께서는 우리 주위에 있는 사람들을 통하여 우리에게 말씀하시기도 합니다.

7) 설교 말씀을 통하여 수없이 말씀하셨음(딤후3:16-17)

딤후3:16 모든 성경은 하나님의 감동으로 된 것으로 교훈과 책망과 바르게 함과 의로 교육하기에 유익하니

모든 성경은 하나님의 감동으로 되었기 때문에, 성령님께서 설교를 통하여 말씀하시는 것은 가장 일반적인 방법 가운데 하나입니다.

8) 환경을 통하여 많이 말씀하셨음(행16:6)

창11:4 또 말하되 자, 성읍과 탑을 건설하여 그 탑 꼭대기를 하늘에 닿게 하여 우리 이름을 내고 온 지면에 흩어짐을 면하자 하였더니

창11:5 여호와께서 사람들이 건설하는 그 성읍과 탑을 보려고 내려오셨더라

창11:6 여호와께서 이르시되 이 무리가 한 족속이요 언어도 하나이므로 이같이 시작하였으니 이 후로는 그 하고자 하는 일을 막을 수 없으리로다

창11:7 자, 우리가 내려가서 거기서 그들의 언어를 혼잡하게 하여 그들이 서로 알아듣지 못하게 하자 하시고

창11:8 여호와께서 거기서 그들을 온 지면에 흩으셨으므로 그들이 그 도시를 건설하기를 그쳤더라

욘1:3 그러나 요나가 여호와의 얼굴을 피하려고 일어나 다시스로 도망하려 하여 욥바로 내려갔더니 마침 다시스로 가는 배를 만난지라 여호와의 얼굴을 피하여 그들과 함께 다시스로 가려고 배삯을 주고 배에 올랐더라

욘1:4 여호와께서 큰 바람을 바다 위에 내리시매 바다 가운데에 큰 폭풍이 일어나 배가 거의 깨지게 된지라

행8:1 사울은 그가 죽임당함을 마땅히 여기더라 그날에 예루살렘에 있는 교회에 큰 박해가 있어 사도 외에는 다 유대와 사마리아 모든 땅으로 흩어지니라

행8:2 경건한 사람들이 스데반을 장사하고 위하여 크게 울더라

행8:3 사울이 교회를 잔멸 할 새 각 집에 들어가 남녀를 끌어다가 옥에 넘기니라

행8:4 그 흩어진 사람들이 두루 다니며 복음의 말씀을 전할새

사람들이 바벨탑을 쌓을 때 하나님께서 그들의 언어를 혼잡하게 하심으로써 바벨탑을 쌓는 것이 하나님의 뜻이 아님을 말씀하셨고, 요나가 다시스로 가는 배를 타자 큰 폭풍을 일으키셔서 요나의 앞길을 막으셨으며, 초대 교회 당시 예루살렘에 있는 교회에 큰 박해를 허락하심으로써 성도들이 유대와 사마리아 모든 땅으로 흩어져서 복음을 전하게 하심으로써 행1:8 말씀이 이루어지도록 하셨습니다.

이처럼 하나님께서는 모든 환경의 '기관사'가 되셔서 환경을 통하여 부족한 종에게 수없이 말씀하셨으며, 성도들에게도 환경을 통하여 수없이 말씀하십니다.

9) 성령의 감동으로 수 없이 말씀하셨음(막12:36;눅2:27;계1:10;계4:2)

막12:36 다윗이 성령에 감동되어 친히 말하되 주께서 내 주께 이르시되 내가 네 원수를 네 발 아래에 둘 때까지 내 우편에 앉았으라 하셨도다 하였느니라

눅2:26 그가 주의 그리스도를 보기 전에는 죽지 아니하리라 하는 성령의 지시를 받았더니

눅2:27 성령의 감동으로 성전에 들어가매 마침 부모가 율법의 관례대로 행하고자 하여 그 아기 예수를 데리고 오는지라

성령님의 '지시'와 성령님의 '감동'은 다릅니다. 성령님께서 "주의 그리스도를 보기 전에는 죽지 아니하리라"라고 직접적으로 말씀하신 것이 지시라면, '감동'은 성전에 들어가고 싶은 '강한 마음'을 주시는 것입니다. "깨어서 기도하라"라고 말씀하시는 것이 성령님의 지시라면, 기도하고 싶은 '강한 마음'을 주시는 것이 성령님의 '감동'입니다. 성령님께서 어떤 경우에는 부족한 종에게 '지시'를 하시기도 했지만, 많은 경우에 '강한 마음'으로 '감동'하심으로써 말씀하시기도 했습니다. 많은 성도들도 성령님의 '감동'을 통해서 하나님의 음성을 듣기도 합니다.

10) 예언의 은사를 받은 분들을 통하여 많이 말씀하셨음(고전12:10, 살전 5:20)

하나님께서는 각 사람들에게 성령의 은사를 주셔서 하나님의 일을 하게 하시는데, 성령의 은사들 가운데 하나가 '예언'의 은사

입니다.

고전12:10 어떤 사람에게는 능력 행함을, 어떤 사람에게는 예언함을, 어떤 사람에게는 영들 분별함을, 다른 사람에게는 각종 방언 말함을, 어떤 사람에게는 방언들 통역함을 주시나니

살전5:20 예언을 멸시하지 말고

하나님께서는 지금도 성도들에게 그분 뜻대로 성령의 아홉 가지 은사들을 주고 계시며, 그 은사들 가운데 하나가 '예언'의 은사입니다. 성경이 완성되었기 때문에 '예언'의 은사가 절대적인 권위를 갖는 것은 아니지만 성령님께서는 '예언'의 은사를 통해서 성도들에게 덕을 세우고, 권면하며, 위로하는 일을 행하고 계십니다. '예언' 그 자체를 부인하려고 하지 말고, 정말로 성령님으로부터 나온 예언인지 아닌지 조심스럽게 분별하여 받아들일 것은 받아들이고, 받아들이지 말아야 할 것은 받아들이지 않아야 합니다.

고전14:1 사랑을 추구하며 신령한 것들을 사모하되 특별히 예언을 하려고 하라

고전14:2 방언을 말하는 자는 사람에게 하지 아니하고 하나님께 하나니 이는 알아 듣는 자가 없고 영으로 비밀을 말함이라

고선14:3 그러나 예언하는 자는 사람에게 말하여 덕을 세우며 권면하며 위로하는 것이요

고전14:39 그런즉 내 형제들아 예언하기를 사모하며 방언 말하기를 금하지 말라

고전14:40 모든 것을 품위 있게 하고 질서 있게 하라

11) 양심을 통하여 수 없이 말씀하셨음(행2:37)

행2:37 그들이 이 말을 듣고 마음에 찔려 베드로와 다른 사도들에게 물어 이르되 형제들아 우리가 어찌할꼬 하거늘

행24:16 이것으로 말미암아 나도 하나님과 사람에 대하여 항상 양심에 거리낌이 없기를 힘쓰나이다

하나님께서는 우리가 죄를 지었을 때 양심의 가책을 통하여 회개할 것을 말씀하십니다. 다윗은 자기를 죽이러 온 사울왕의 겉옷 자락을 벤 것에 대하여 마음(양심)에 찔림을 받았습니다. 하나님께서는 다윗의 양심을 통하여 그것이 죄임을 말씀하신 것이었습니다.

삼상24:4 다윗의 사람들이 이르되 보소서 여호와께서 당신에게 이르시기를 내가 원수를 네 손에 넘기리니 네 생각에 좋은 대로 그에게 행하라 하시더니 이

것이 그 날이니이다 하니 다윗이 일어나서 사울의 겉옷 자락을 가만히 베니라

삼상24:5 그리 한 후에 사울의 옷자락 벰으로 말미암아 다윗의 마음이 찔려

삼상24:6 자기 사람들에게 이르되 내가 손을 들어 여호와의 기름 부음을 받은 내 주를 치는 것은 여호와께서 금하시는 것이니 그는 여호와의 기름 부음을 받은 자가 됨이니라 하고

삼상24:7 다윗이 이 말로 자기 사람들을 금하여 사울을 해하지 못하게 하니라 사울이 일어나 굴에서 나가 자기 길을 가니라

성령님께서는 제가 죄를 지었을 때 제 양심을 통하여 '죄'를 깨닫게 하셨고, '회개'하도록 하셨습니다. 오늘날에도 성령님께서는 성도들의 양심을 통하여 '죄'를 깨닫게 하시고, '회개하라'고 말씀하십니다. 우리가 계속해서 죄를 짓게 되면 양심이 더러워져서 죄에 대하여 잘 깨닫지 못하게 되고, 결국은 양심이 불타버려서 죄에 대하여 전혀 깨닫지 못하게 될 수도 있습니다. 그러므로 우리의 양심이 깨끗하여 죄에 대하여 깨닫게 하시고 책망하시는 성령의 음성을 잘 듣도록 우리의 양심에 예수님의 보혈을 뿌려서 청결한 양심을 갖도록 해야 합니다.

딛1:15 깨끗한 자들에게는 모든 것이 깨끗하나 더럽고 믿지 아니하는 자들에게는 아무 것도 깨끗한 것이 없고 오직 그들의 마음과 양심이 더러운지라

딤전 4:2 자기 양심이 화인을 맞아서 외식함으로 거짓말하는 자들이라

딤후1:3 내가 밤낮 간구하는 가운데 쉬지 않고 너를 생각하여 청결한 양심으로 조상적부터 섬겨 오는 하나님께 감사하고

히10:22 우리가 마음에 뿌림을 받아 악한 양심으로부터 벗어나고 몸은 맑은 물로 씻음을 받았으니 참 마음과 온전한 믿음으로 하나님께 나아가자

하나님께서는 이처럼 수많은 방법을 통해서 부족한 종에게 말씀해 오셨는데, 요즘은 주로 방언 기도하다 보면 자연스럽게 '방언 통역' 은사를 통하여 말씀하십니다. 그래서 성도들이 방언 기도를 많이 하는 것이 좋습니다. 방언으로 기도하다 보면 어느 순간 성령으로 충만해지고, 더 깊은 단계로 들어갈 수 있고, 때로는 성령님의 음성을 들을 수 있기 때문입니다. 방언으로 기도하는 중에 '방언 통역'을 통해서 중요한 말씀, 심각한 메시지들을 주시면, 저는 두 번이고, 세 번이고, 몇 번이고 기도하고 또 기도하면서 조심스럽게 분별합니다.

어떤 분들은 "성령의 은사는 성경이 완성되기 전에는 필요했지만, 성경이 완성된 후에는 하나님께서 성경 말씀을 통해서 말씀하시기 때문에 성령의 은사들은 끝났다"라고 주장하시는데 성경은 오히려 '말세에 하나님께서 더 성령을 부어주시겠다'라고 말씀

하고 계십니다. 왜냐하면 성령의 충만한 능력이 없이는 죄를 이길 수 없고, 사탄/마귀를 이길 수 없고, 고난을 이길 수 없고, 본격적인 재앙인 나팔 재앙의 시대에 승리하는 믿음으로 살 수 없고, 적그리스도가 다스리는 '대 환난'의 시대에 '이기는 자'가 될 수 없기 때문입니다. 그러므로 자신의 생각과 잘못된 신학 교리를 성경 말씀 위에 두는 '교만' 죄를 짓지 말고 겸손히 성령의 충만을 구해야 합니다.

성령의 열매는 하나님의 성품을 나타내고, 성령의 은사는 하나님의 능력을 나타내기 때문에, 우리는 성령의 열매를 통해서 그리스도를 닮아가고, 성령의 은사를 통해서 나타나는 하나님의 능력으로 '이기는 자'가 되어야 합니다.

행2:14 베드로가 열한 사도와 함께 서서 소리를 높여 이르되 유대인들과 예루살렘에 사는 모든 사람들아 이 일을 너희로 알게 할 것이니 내 말에 귀를 기울이라

행2:15 때가 제 삼 시니 너희 생각과 같이 이 사람들이 취한 것이 아니라

행2:16 이는 곧 선지자 요엘을 통하여 말씀하신 것이니 일렀으되

행2:17 하나님이 말씀하시기를 말세에 내가 내 영을 모든 육체에 부어 주리니 너희의 자녀들은 예언할 것이요 너희의 젊은이들은 환상을 보고 너희의 늙

은이들은 꿈을 꾸리라

행2:18 그 때에 내가 내 영을 내 남종과 여종들에게 부어 주리니 그들이 예언할 것이요

행2:19 또 내가 위로 하늘에서는 기사를 아래로 땅에서는 징조를 베풀리니 곧 피와 불과 연기로다

행2:38 베드로가 이르되 너희가 회개하여 각각 예수 그리스도의 이름으로 세례를 받고 죄 사함을 받으라 그리하면 성령의 선물을 받으리니

행2:39 이 약속은 너희와 너희 자녀와 모든 먼 데 사람 곧 주 우리 하나님이 얼마든지 부르시는 자들에게 하신 것이라 하고

10. '이마'에 '하나님의 인침'을 받을 조건
   (계14:1-5)

예수님께서 서사라 목사에게 말씀하신
〈하나님의 인침〉을 받을 조건(계14:1-5)

① 티끌 만한 죄(육체/마음/생각)까지 철저히 회개하라

② 모든 중독(술/돈/폭력/사소한 거짓말/음란/TV 등 하나님보다 우선 둔 것들 모두)을 끊고 벗어나라

③ 세상을 바라보며 사랑하는 마음&욕심을 끊고 오직 예수님만 바라보고 사랑하라

④ 예수님을 위하여 순교하리라는 각오와 믿음으로 살라-이렇게 살도록 매일 기도할 때 예수님께서 천사들을 보내셔서 인을 쳐주십니다(계7:2-3).

제 2 장

세 번 나타나주신 예수님

11. 7년 반 만에 거듭난 내 영혼

내가 처음 교회에 간 것은 고등학교 1학년 때였다. '진우'라는 친구가 자기 교회에서 음악회를 하는데 합창할 사람이 부족하니 와서 도와달라고 하여 처음으로 교회에 가게 되었는데, 이것이 계기가 되어서 교회를 다니게 되었다. 예배가 뭔지도 모르고, 찬송도 모르고, 사도신경, 기도, 설교가 무엇인지 아무것도 모르는 상태에서 처음으로 예배에 참석했을 때 이상하게도 내 마음에 평안함을 느껴서 그 이후로 매주 예배에 참석하게 되었다. 이렇게 교회에 다니다가 고등학교 2학년 때에는 학생회 회장을 하게 되었고, 대학교 1학년 때에는 대학부 회장을 하기도 하였다. 그러나 그 당시 예수 그리스도를 마음에 영접하지 아니한 상태였기 때문에, 신앙생활을 한다기보다는, 매주 교회를 다니는 종교인일 뿐이었다. 대학생 때에는, 교회에서 성가대를 하며 매주마다 하나님을 찬양했으나, 학교에서는 수많은 가요들을 부르면서, 술과 담배, 세상의 즐거움과 쾌락 가운데 살며 죄 가운데 방황하며 살고 있었다.

대학교 3학년 때에는 한 후배의 권고로 다른 교회에 성가대 지휘자로 가기로 하고 다니던 교회를 떠났으나, 나를 성가대 지휘자로 초청하기로 한 교회의 장로님은, 내가 믿음이 없는 것을 알고, 초청을 취소하여 나는 오갈 데가 없는 상태가 되어 약 6개월 동안 교회를 다니지 않게 되었다. 그 후 어머니께서 다니던 교회의 목사님께서 가을 대 심방을 오셨는데, 내가 교회를 다니지 않고 있다는 것을 아시고 당신이 섬기던 교회의 학생회 성가대 지휘자로 초청해 주어서 어머니와 같은 교회를 다니게 되었다.

그런데 대학교 4학년 봄에, 어머니가 아프셔서 전북대학 병원에 입원하여 여러 가지 검사들을 받은 뒤 수술을 받으셨는데, 수술이 끝난 후 의사로부터 "암이 전신에 퍼져서 수술할 수가 없었다"라는 말을 듣고 큰 충격을 받았다. 49세 밖에 안 된 어머니가 말기 암 환자였던 것이다. 결국 어머니는 수술을 받지 못한 채 퇴원하였다.

그해 8월, 나는 어떤 분의 소개로 "암을 잘 고친다"는 기도원에 어머니를 모시고 갔다. 그 기도원에서는 많은 암 환자들이 성령의 능력으로 고침을 받고 봉사하고 있었는데, 나는 그들을 보면서 '아, 어머니는 살 수 있겠구나…'하는 소망을 가졌고, 기도원에 있는 기도실에 들어가서 하나님께 부르짖어 기도하였다.

"하나님, 어머니를 살려주옵소서! 자식은 네 명이지만 어머니는 한 명밖에 안 되니, 차라리 저를 데려가시고 어머니를 살려주옵소서!"

그런데 어머니의 치유를 위해서 부르짖으며 기도하기 시작하는데 이상한 현상들이 나타났다. 기도하려고 눈을 감기만 하면 어렸을 때부터 지은 죄들이 떠오르는 것이었다. 5세, 6세, 7세…. 아주 오랜 시간이 지나서 평소에는 기억도 안 나는 죄들이, 선명하게 떠오르는 것이었다. 그러면서 내 마음속에서는 '내가 저런 죄를 지었었구나. 내가 벌레만도 못한 죄인이구나!'하는 마음이 들면서 "하나님, 제가 죄인입니다! 이 죄를 용서하여 주옵소서!"하며 가슴을 치고, 눈물을 흘리며 회개하였다. 그렇게 떠오른 죄를 회개하고 나면 또 다른 죄가 보였고, 그 죄를 눈물을 흘리며 애통하는 마음으로 회개하고 나면 또 다른 죄가 떠오르고… 이런 현상이 매일 기도할 때마다 계속해서 반복되었다. 하루, 이틀, 사흘, 나흘… 회개하면서 내가 놀란 것은 '내가 그토록 많은 죄를 지었다는 사실이었고, '하나님께서는 살아 계시며, 내가 지었던 모든 죄들을 하나도 빠뜨리지 않고 모두 알고 계신다'라는 것이었다. 그런데 이렇게 회개하면 할수록 마음속에서는 이전에 느끼지 못했던 놀라운 평안이 생기기 시작하였다.

도대체 이 평안이 어디서 오는지 알 수 없었지만 처음 느끼는 포근한 평안이었다. 회개하면 할수록 이러한 평안은 더욱 흘러넘쳤으며, 나중에는 기쁨으로 바뀌기 시작하였다. 이러한 현상은 거의 보름 동안 계속되었다. 수없이 회개해도 계속 떠오르는 과거의 죄악들.... 어렸을 때 남의 가게에 들어가서 건빵을 훔쳐 먹은 일들, 친구들과 같이 가게에 가서 구슬을 훔친 일들, 남의 집 찬장을 열고 동전들을 훔쳐서 사탕 사 먹은 일들, 부모님이 놓아둔 돈을 아무도 모르게 도둑질한 일들, 부모님께 "참고서 사겠다"라고 거짓말을 하면서 돈을 달라고 한 죄들, 어머니께서 헌금하려고 둔 돈을 가져다가 영화 본 일들, 고등학교를 졸업한 교회 아이들이 대학부에 잘 나오도록 하기 위하여 교회에서 '신입생 환영회'라는 명목으로 돈을 청구해서 아이들에게 술을 사준 일 등 셀 수도 없이 지은 수많은 죄들은 내가 마귀의 자식으로 살면서 지은 죄들이었다. 교회는 다녔으나 거듭나지 않아서 지은 죄들이었다.

나는 그 기도원에서 기도하는 중에, 하나님께서 살아계시며, 천국과 지옥은 분명히 있으며, 내가 그 기도원에 오기 전에 죽었더라면 나는 지옥의 가장 뜨거운 불 못에 떨어져서 불 가운데 고통을 받아야 할 죄인 중의 괴수였으며, 예수 그리스도께서 나의 모든 죄를 용서하셨음을 깨닫게 되었다. 그리고 세상의 모든 사람들에게 가장 시급한 것은, 하루 빨리 죄를 회개하고 예수님을 구주로 영접하여 구원받는 것임이 깨달아졌다.

나는 대학교에 다닐 때 전공은 화학 공학이었지만, 음악을 좋아했기 때문에 독학으로 화성학, 대위법, 작곡법, 지휘법, 편곡법 등을 공부하였다. 특히 지휘법에 많은 시간을 들여서 공부하였는

네, 지휘법에 대하여 설명한 영어 원서를 사서 공부하기도 하였고, 유명한 합창단 지휘자들이 지휘하는 것들을 보면서 혼자서 연습을 많이 하였다. 그리고 대학교에서 합창단 활동을 하며 음악적 자질을 계발해갔다. 대학교 3학년 때에는 합창단을 지휘하여 전국의 대학생 음악 경연 대회에 출전하여 33개 팀 가운데 최우수상을 받기도 하였다. 그리고 나의 필링(feeling)을 마음껏 살려서 아름다운 화음으로 연주하는 멋진 합창단을 만들고 싶어서 음악 계통의 대학원을 가고 싶은 마음도 있었다.

그러나 기도원에서 살아계신 하나님을 만나고, 천국과 지옥이 실제로 존재하며, 모든 죄를 용서해주시기 위하여 십자가에서 죽으신 예수님을 믿지 않으면 어느 누구도 죄의 심판을 피할 수 없고, 결국은 죄 때문에 지옥에 갈 수밖에 없으므로 사람들에게 있어서 가장 중요한 것은 하루라도 빨리 회개하고 예수님을 구주로 믿는 것임을 깨달았다.

그러자 내가 생각해 왔던 미래의 꿈, 직장, 결혼 등 이 모든 것들이 중요한 것이 아니고, 내가 그렇게 추구해왔던 세상의 일들이 잠시 있다가 사라지는 안개와 같은 것임을 깨닫게 되어 더 이상 그런 삶들을 소망하며 살려는 마음이 완전히 사라져버렸고, 내가 앞으로 어떻게 살아야 할지 막막하였다. 그래서 이 문제를 놓고 하나님께 기도하기 시작하였다.

"하나님, 제가 꿈꾸었던 미래의 일들이 헛됨을 깨달았습니다. 이제 제가 어떻게 살아야 하겠습니까?"

하나님께 이러한 기도를 계속해서 드리자 마음속에서 어떤 음성이 들려왔다.

"아들아, 세상에는 너 같이 교회는 다니나 구원받지 못하고, 거듭나지 못한 젊은이들이 수없이 많다. 너는 그들에게 가서 네가 만난 하나님, 네가 만난 예수 그리스도를 전하여라! 그들이 교회에는 다니나 예수 그리스도를 모르기 때문에 마귀에게 속아서 죄악 가운데 살고, 그로 말미암아 지옥에 갈 수밖에 없다! 그들에게 네가 만난 하나님, 네가 만난 예수 그리스도를 전하여라!"

내 주위에는 많은 친구, 선후배들이 있었다. 그들의 대부분은 교회를 다니고 있었다. 그러나 그들은 나와 같이 술, 담배, 세상의 즐거움에 빠져 사는 껍데기 신자, 거듭나지 못한 교인들이었다. 하나님께서는 그들에게 내가 만난 예수님을 전하라고 말씀하신 것이었다. 주님께서는 나를 주님의 복음을 전하는 자로 부르신 것이었다.

말기 암 환자인 어머니의 치유를 위하여 기도원에 간 나는, 어머니의 치유 대신에 살아계신 하나님을 만나 철저히 회개하고 거듭나게 되었으며, 하나님의 부르심을 받게 되었으며, 치유되지 않은 어머니를 모시고 집으로 돌아오게 되었다. 그리고 주위의 사람들에게 기도원에서 있었던 일들을 간증하며 하나님의 살아계심을 전하였다. 주위의 사람들은 나의 갑작스런 변화에 모두가 깜짝 놀랐다.

나의 이런 간증을 들은 교회의 여러 집사님들은 이구동성으로 "박선생의 변화는 송집사(어머니)의 기도 응답이야!"라고 말하며 기뻐하였다. 나는 그제서야 어머니께서 나를 위하여 새벽마다 하나님께 부르짖으며 기도해 오셨음을 알게 되었다. 내가 교회에 다니면서도 거듭나지 못하여 악하고 더러운 마귀에게 속아서 죄악 가운데 살 때, 어머니의 헌금을 강탈하여 영화를 보곤 했을 때에도 어머니는 말할 수 없는 탄식과 눈물로 하나님께 부르짖으셨으며, 하나님께서는 이러한 어머니의 기도를 들으시고 나를 철저히 회개시키신 것이었다.

그런데 기도원에서 돌아온 어머니는 하루하루가 다르게 몸이 쇠약해지셨다. 위암으로 말미암아 음식을 드시지 못하게 되자 뼈만 앙상하게 남으셨다. 밤에는 고통 때문에 잠을 주무시지 못하셨다. 이러한 어머니의 비참한 모습을 보고 나는 어머니의 치유를 위하여 3일 금식 기도를 하기로 마음 먹었다. 이것은 내가 난생 처음으로 하는 금식 기도였다.

사실 나는 한 끼만 굶어도 도저히 힘을 쓸 수 없을 만큼 연약하였지만 어머니의 치유를 위하여 '죽으면 죽으리라'라는 각오로 시작한 것이었다. 한 끼, 두 끼…. 굶으면 굶을수록 나의 몸에서 힘이 빠져나갔다. 기도할 힘도 없었다. 저리는 팔과 다리를 주무르면서 "하나님, 우리 어머니 살려주세요!"하고 중얼거리며 기도하였다.

　금식 기도 시작한 첫날 밤, 어머니는 고통 때문에 신음 소리를 내면서 주무시지 못하셨다. 그래서 나는 어머니에게 가서 손을 잡고 간절히 기도하였다. "하나님, 우리 어머니가 고통 없이 잠을 잘 수 있도록 해주세요!" 간절한 마음으로 여러 번 기도하고 난 뒤 어머니를 보니 이미 잠들어 있었다. 그날 밤 어머니는 고통 없이 잠을 주무셨다.

　금식 기도 이튿날, 나는 팔과 다리를 주무르면서 누워있었는데 밤이 되자 어머니는 또 고통 때문에 신음 소리를 내면서 잠을 못 주무셨다. 나는 또 어머니에게 가서 손을 잡고 어머니가 고통 없이 잠을 잘 수 있도록 간절히 기도하였다. 기도를 마친 후 어머니를 보니 잠이 들어 있었다. 나도 잠을 자기 위해서 자리에 누우려고 하는데 갑자기 하늘에서 "찬송가 460장!"하는 우뢰와 같은 음성이 들려왔다. 나는 깜짝 놀랐다. '이게 무슨 소리지… 찬송가 460장이 뭐지..' 도저히 움직일 힘이 없는 나는 즉시 막내 동생에게 "막내야, 찬송가 460장을 펴와라!"라고 말하였다. 그러자 막내가 찬송가 460장을 펴서 갖다줬는데, 460장 가사를 보니

1. 지금까지 지내온 것 주의 크신 은혜라 한이 없는 주의 사랑 어찌 이루 말하랴
   자나깨나 주의 손이 항상 살펴주시고 모든 일을 주 안에서 형통하게 하시네
2. 몸도 맘도 연약하나 새 힘 받아 살았네 물 붓듯이 부으시는 주의 은혜 족하다
   사랑 없는 거리에나 험한 산길 헤맬 때 주의 손을 굳게 잡고 찬송하며 가리라
3. 주님 다시 뵈올 날이 날로 날로 다가와 무거운 짐 주께 맡겨 벗을 날도 멀잖네
   나를 위해 예비하신 고향집에 돌아가 아버지의 품 안에서 영원토록 살리라

찬송가 460장 가사의 내용을 보니 "어머니가 지금까지 지내 온 것이 주님의 크신 은혜요, 이제 어머니를 위해 예비하신 고향집(천국)에 가서 하나님의 품 안에서 영원토록 살게 된다"는 내용으로서, 아마도 하나님께서 어머니를 천국으로 데려가신다는 뜻 같았다. 나는 지금 어머니를 살려달라고 금식하며 기도하고 있는데, 하나님께서는, 어머니를 고쳐주시는 것이 아니라, 어머니의 생명을 거두셔서 천국으로 부르신다고 하시는 것 같아, '그럴 리가 없

다!'고 고개를 설레설레 흔든 뒤 잠을 잤다.

한참 잠을 자는데 누군가가 나를 깨웠다. "일어나봐, 어머니가 이상하다!" 나는 피곤하고 힘없는 몸을 이끌고 어머니에게 가보니 어머니는 의식불명 상태였다. 아무리 흔들어도 의식이 돌아오지 않으셨고, 점차로 호흡이 가빠지시더니 곧 운명하셨다. 어머니를 살려달라고 3일 작정하여 금식 기도하였는데, 하나님께서는 작정 금식 기도 3일째 새벽에 어머니를 천국으로 데려가셨다. 내가 기도한 내용과 반대로 응답이 되었음에도 불구하고 불평이 나오지 않고 오히려 마음속에서 감사가 되었다. 어머니는 이 세상의 죄의 짐, 근심과 걱정의 짐, 육신의 질병의 짐, 물질의 어려움의 짐, 자식과 남편에 대한 짐 등 이 세상의 모든 짐들을 내려놓고 눈물이 없고, 슬픔이 없고, 아픔도 없고, 질병이 없고, 고통이 없고, 사망도 없고, 곡하는 것도 없는 하나님 아버지의 품으로 떠나신 것이었다.

결혼하신 뒤 신앙 때문에, 남편 때문에, 자식들 때문에, 물질 때문에 수많은 어려움을 겪으시면서 신앙의 기둥으로 사셨던 어머니는 나를 우리 집안의 믿음의 기둥으로 심어 놓으시고 먼 하늘나라로 가신 것이었다. 결코 길지 않은 49세의 일기로 영원한 낙원으로 가신 것이었다.

나는 어머니의 눈물의 기도 응답으로 거듭나게 되었다. 어머니는 이 땅에 사시면서 하나님을 위하여 마음껏 헌신된 삶을 살지는 못하셨다. 남들에게 영향력 있는 삶을 살지는 못하셨지만, 돌아가실 때에는 죄인 중의 괴수였던 나를 하나님 앞에서 헌신하도록 하신 뒤 하나님의 품으로 가셔서 안식을 누리신 것이었다.

그러므로 나의 신앙은 어머니의 죽음과 맞바꾼 것과도 같다. 하나님께서는 어머니의 죽음 직전에 나를 구원하셨다. 내가 얼마나 큰 죄인인지를 알게 하셨다. 죄의 결과인 처절한 지옥의 심판을 알게 하셨다. 영혼 구원의 소중함을 알게 하셨다. 죄인 중에 괴수인 나를 죄와 지옥의 심판에서 구원해주신 주님께 감사드린다. 할렐루야!

12. 아들아, 네가 어찌하여 목숨을 끊으려고 하느냐

   어머니가 돌아가신 뒤 여러 가지 생각지 못한 일들이 생겼다. 무엇보다도 남은 가족들을 당황스럽게 하고 힘들게 한 것은 어머니 친구들의 태도였다. 어머니가 돌아가시자, 어머니 친구들은 자주 모여서 무슨 이야기를 한 것 같았다. 그러더니 아버지를 만나자고 하였다. 그분들을 만난 아버지의 말씀을 들으니 어머니가 친구들에게 돈을 빌려 갔다는 것이다. 그리고 그분들이 빌려줬다는 돈을 모두 합해보니 4,500여만원(**당시 2층 양옥집 한 채 값**)이 된다고 하였다. 엄청난 액수였다. 어머니의 갑작스런 죽음 때문에 이 돈을 언제 어떻게 빌리셔서 어떤 용도로 쓰셨는지 아무도 몰랐다. 차용증이 있는 것도 아니었지만 아버지는 그분들의 말을 다 받아들이셨다. 설마 친구들이 거짓말을 하겠느냐는 것이었다. 주위의 다른 분들은 어머니 친구들의 말을 다 믿지 말라고 했다. 그러나 아버지는 돌아가신 어머니의 이름을 더럽히기 싫다며 당신이 다 갚겠노라고 차용증을 써주셨다고 했다. 어머니의 친구들 가운데 한 분은 우리 집을 벌써 법원에 차압을 해 놓았다. 엄청난 빚더미 위에 앉은 우리는 집마저도 우리 맘대로 처분할 수도 없게 되었다. 그런데 어머니는 돌아가시기 전에 우리 집에 간혹 오시던 OO

친구(00 교회 집사)에게 500만원의 돈을 빌려줬다는 말을 했었다. 어머니가 빌린 돈 중에는 친구나 형제가 돈을 빌리러 오자 돈이 없던 어머니는 다른 지인에게서 빌려다가 친구나 형제에게 빌려주기도 했던 돈들이 많았음을 나중에 알게 되었다. 아무튼 어머니가 돌아가신 후에, 돈을 빌려줬다고 하는 00 친구에게 찾아가서 어머니에게서 빌려 간 돈을 되돌려 달라고 하였다. 그러자 그분은 손을 설레설레 흔들며 강한 어조로 어머니에게서 돈을 빌려 간 적이 없다고 부인하셨다. 설마 죽음을 앞둔 어머니가 빌려주지도 않은 돈을 빌려줬다고 말을 했을 리 없지만 가까운 사이이다 보니 어머니가 돈을 빌려줄 때 차용증을 받고 빌려준 것이 아니기 때문에 그분이 부인하면 어떻게 받을 방도가 없었다. 돈을 빌려준 사람에게서는 한 푼도 못 받고, 돈을 빌린 사람들에게는 전액을 갚아야 하는 상황이 너무나 많이 힘들었다.

어머니의 갑작스러운 죽음과 어머니가 빌린 돈을 빨리 갚으라고 독촉하는 어머니 친구들의 태도로 인하여 마음이 상할 대로 상하신 아버지는 막내 여동생과 같이 다른 곳에 방을 얻어서 나가셨다. 형은 직장으로 인하여 서울에 있었고, 남동생은 군에 있었으니 텅 빈 집에는 나 혼자 남아 있게 되었다.

집에 혼자 남아 있게 된 내게 깊은 고독감이 밀려왔으며, 어머니의 갑작스런 죽음으로 인한 슬픔, 외로움 등이 내게 엄습해 왔다. 내게 위로해 주고 격려해 줄 사람이 주위에 아무도 없었다. 게다가 내성적인 성격으로 인하여 누구에게 내색도 못하고 혼자서 끙끙 앓으며 고민과 번민, 슬픔과 걱정, 괴로움 가운데 하루하루 보냈다. 이런 상황 가운데 기도조차 하지 않던 나는 이로 인해 영적 침체가 왔고, 영적 침체 가운데 있게 된 나는 낙심하고 절망하며 시간을 보냈다. 아무 걱정 없이 교회를 다니는 다른 사람들의 행복한 모습과 내 자신이 처한 비참한 현실을 비교해 보며 처량한 신세를 한탄하였다.

'다른 사람들은 좋은 부모를 만나서 행복하게 사는데 나는 지지리도 복이 없어서 어렸을 때부터 고생고생하다가 이제는 어머니마저 잃고, 이게 무슨 꼴이람.' '어떻게, 무슨 방법으로 그 많은 빚들을 갚나.' 어머니를 잃은 슬픔을 위로해 주지는 못할 망정 빌려준 돈을 빨리 갚으라고 자꾸 찾아 온 그들이 원망스러웠다. 돈을 빌려 가놓고 어머니가 돌아가시자 그런 적이 없다고 부인하는 어머니 친구에 대한 분노가 내 안에 자리 잡고 나를 괴롭혔다. 내 자신의 처량한 신세와 슬픔, 도저히 단기간에 갚을 수 없는 빚에 대한 걱정과 고민을 매일 반복하다 보니 근심과 걱정과 괴로움은 눈덩이처럼 커졌다. 믿음이 어린 나에게 있어서는 도저히 해결할 수 없는 불가능한 일처럼 여겨졌다. 고민과 괴로움으로 인해 기도가 사라진 나의 믿음으로는 도저히 해결할 수 없는 문제였다. 그러자 '죽음'이라는 단어가 가까이 다가왔다. 현실의 문제와 싸워서 이길 수 있는 믿음이 없다 보니 당연히 현실 도피적인 사람이 되었으며, 완전한 현실 도피는 '죽음'이었다. '죽음'이라는 단어를 수없이 생각한 나는 결국 '자살'이라는 것을 통하여 이생의 삶을 마감하기로 하였다. 모든 문제들로부터 자유롭게 되는 방법은 '자살을 통한 죽음'이외에는 아무 것도 생각이 나지 않았다. 나는 그때부터 고통 없이 쉽게 죽을 수 있는 방법을 생각하기 시작하였다. 높은 곳에서 뛰어내려서 죽을까, 교통사고로 죽을까, 목메달아 죽을까, 약 먹고 죽을까..... 수많은 생각을 하는 중 어느 날 안방에 화덕을 피워 놓고 잠들었다가 연탄가스를 먹고 죽은 모녀 이야기가 신문에 실린 것을 보았다. 나는 순간 '바로 이것이다!'고 무릎을 쳤다. 이 방법이야말로 가장 고통 없이 편히 죽을 수 있는 방법이 아닌가? 나는 이 방법을 선택한 뒤 디 데이(D-day)를 잡기 시작했다.

이제 내 머리 속에는 온통 '죽음'이라는 두 글자로만 가득 찼다. 이러한 생각으로 인하여 마음의 답답함과 괴로움은 더해갔다. '처량하다 내 자신이여... 다른 사람들은 어떻게 하면 잘 살 수 있을까를 생각하는데 나는 어떻게 하면 죽을 수 있을까를 연구하고 있다니.' 나는 내 자신을 죽음의 골짜기로 깊이 몰아넣고 있었다. 나는 자살을 결심하고 마지막으로 유서를 쓰기 시작했다.

'아버님, 이 불효자는 먼저 죽습니다. 부디 용서하여 주시고 하늘에서 뵙겠습니다.'
'형님, 아버님을 잘 부탁합니다. 못난 동생은 먼저 죽습니다. 동생들아, 아버님 말씀 잘 듣고 잘 섬겨 드려라. 훗날에 다시 보자.'
'돈을 빌려준 여러분들이여, 너무 돈, 돈 하지 마십시오! 사람이 있고 돈이 있지, 돈이 있고 사람이 있습니까?'
아버지와 형제들, 그리고 돈을 빌려주었다는 어머니 친구들에게 각각 한 통씩 모두 3통을 썼다. 그리고 책상 서랍에 넣어 두었다. 이제 실행에 옮기기만 하면 되는데 디 데이(D-day)를 1월 초로 잡았고, 마지막으로 송구영신 예배를 드리러 교회에 갔다.

송구영신 예배를 드리는 시간 내내 내 눈에서는 눈물이 멈추질 않았다. '이제는 마지막이다. 아무도 내가 죽으려는 것을 모른다. 아무도 내 아픔, 슬픔, 고통을 모른다. 죽으면 이 모든 것은 끝난다.'

남들은 내가 예배 시간에 큰 은혜를 받아서 눈물을 흘리는 줄로 생각하지, 자살을 결심한 내가 이 세상에서 드리는 마지막 예배이기에 눈물을 흘리는 줄은 상상도 못했을 것이다.

예배 시간 내내 눈물로 예배를 드린 나는 어둡고 쓸쓸하고, 아무도 없는 텅 빈 집으로 돌아왔다. 눈물을 줄줄 흘리며 손과 발을 씻은 뒤, 슬픔과 고통으로 가득 찬 가슴을 안고 거실을 지나서 내 방으로 들어가려고 하였다. 이생의 모든 것이 다 끝났다고 생각하였다. 그런데 순간 하늘에서 천둥과 같이 엄청나게 큰 소리가 들려왔다.

"아들아, 어찌하여 네가 목숨을 끊으려고 하느냐? 네 목숨은 네 것이 아니니라! 네가 예수님을 믿는 순간 너는 내 것이 되었느니라! 죽을 용기가 있으면 살아 보거라! 내가 있지 않느냐? 내가 너와 함께 하느니라!"

자살을 통해서 이생의 삶을 마감하려는 내게 하나님께서는 우뢰와 같은 음성으로 나를 책망하셨다. 우뢰와 같은 하나님의 음성에 깜짝 놀란 나는 그 자리에서 무릎을 꿇었다. 그리고 눈물을 흘리며 회개하기 시작하였다.

"하나님, 이 죄인을 용서해 주옵소서! 제가 너무 힘들고, 고독하고, 외롭고, 힘들어서 죽으려고 하였습니다. 수많은 날들을 자살에 대하여 생각해보니 자살한다는 것도 큰 용기가 필요하다는 것을 알았습니다. 현실의 고난과 어려움들이 너무 커서 하나님이 저와 함께 하신다는 사실을 잊고 있었습니다. 용서해주옵소서!

이제 다시 하나님을 바라보겠습니다! 내게 힘을 주옵소서! 용기를 주옵소서! 믿음을 주옵소서!"

죽음의 영에게 미혹되어 자살하려는 나를 막으시기 위해 초자연적으로 개입하시어 하늘에서 우뢰와 같은 음성을 들려주신 하나님 앞에 무릎을 꿇고 철저히 회개하였다. 그리고 하나님을 바라보고, 의지하며 살겠다고 고백하였다. 기도를 마친 뒤 나는 서랍을 열고 유서를 즉시 불태웠다.

그 후 나는 '만약에 하나님께서 내가 자살하는 것을 막지 않으셨더라면 나는 어떻게 되었을까?'하는 생각이 간혹 들곤 했는데, 만약 하나님께서 막지 않으시고 그냥 두셨더라면 나는 자살한 죄로 인하여 지옥에 갔을 것이 확실하니, 생각할수록 아찔하였다. 하나님의 크신 은혜가 나를 살리셨다. 하나님의 은혜로 자살이 미수로 끝났다. 나의 생명을 연장시키시고, 하나님의 일꾼으로 삼으시고 귀한 사명을 감당하게 하신 주님을 찬양한다.

할렐루야! .

시42:11 내 영혼아 네가 어찌하여 낙심하며 어찌하여 내 속에서 불안해 하는가 너는 하나님께 소망을 두라 나는 그가 나타나 도우심으로 말미암아 내 하나님을 여전히 찬송하리로다

13. 아, 어머니!

  어머니가 하나님의 부르심을 받고 소천하신 뒤 한동안은 평안 가운데 생활했지만, 어느 순간부터 돌아가신 어머니가 그리워졌다. 사정이 생겨서 아버지와 막내 여동생이 다른 곳에 방을 얻어서 생활하고, 집에서 나 혼자 생활하다보니 외로움과 고독이 내게 임하였고, 외로움과 고독 속에서 대화할 사람이 없자 어머니에 대한 그리움이 더해갔다. 밤이 되면 어머니에 대한 그리움으로 인해 혼자서 눈물을 흘리며 돌아가신 어머니를 그리워하는 날들이 계속되었다. 매일 밤마다 돌아가신 어머니를 그리워하며 우는 것이 반복되다보니 밤이 오는 것이 두려워졌다. 밤이 오면 내가 마치 도살장에 끌려가는 소처럼, 어머니를 그리워하며 울어야 하는 운명의 사람이 되는 것처럼 매일 울다 보니 우는 것이 지겨워졌고, 밤마다 어머니를 그리워하면서 울어야 하는 운명의 틀에서 벗어나고 싶었지만 벗어나지 못하고 매일 밤을 눈물로 보냈다. 이렇게 어머니를 그리워하는 마음으로 매일 밤을 울며 보낸 지 1주, 2주, 3주, 4주… 매일 밤마다 돌아가신 어머니를 그리워하며 보낸 지 무려 한 달이 된 어느 날 잠이 들었는데 꿈속에서 어머니가 보였다. 어머니는 위암으로 돌아가셨기 때문에 분명히 뼈가 앙상한 모습으로 돌아가셨는데 내 눈에 보이는 어머니의 얼굴은 광채가 났고, 입으신 옷도 흰색으로 빛이 났다. 어머니는 나를 잠시 지그시 바라보고 계셨다. 그리고는 조용히 몸을 돌려서 걸어가셨다. 나는 "어머니, 어머니!"하고 크게 부르짖으며 어머니를 따라갔다. 어머니는 내가 간절히 부르짖는 소리를 못 들으셨는지 계속해서 걸어가셨다. 나는 계속해서 어머니를 부르며 따라갔다. 잠시 후 어머니 앞에 큰 문이 있었는데 어머니가 다가가자 육중한 큰 문이 스스르 열리고, 어머니는 그 문 안으로 들어가셨다. 어머니가 그 문 안에 들어가신 것을 본 잠시 후에 잠에서 깼다. 그 때 내 안에서 세미한 음성이 들렸다.

"사랑하는 아들아, 어찌하여 슬퍼하느냐, 네 어머니는 이렇게 천국에 잘 있다. 너와 어머니는 완전히 이별한 것이 아니다. 잠시 헤어진 것이다. 네가 이 땅에서 모든 사역을 마치고 천국에 오면 네가 그리워하는 어머니와 영원토록 같이 살게 된다. 그러니 슬퍼하지 말아라"

그렇다! 돌아가신 어머니와는 영원한 이별이 아니고, 잠시 헤어진 것이다. 내가 이 땅에서 모든 사명을 감당한 뒤 천국에 가면 어머니를 만날 수 있다. 그러므로 슬퍼하고만 있지 말아야 한다. 하나님께서는 내가 한 달 동안 매일 밤마다 눈물을 흘리며 어머니를 그리워하는 것을 보시고 꿈을 통하여 어머니를 보여 주신 뒤, 내가 모든 사명을 감당하고 천국에 오면 어머니와 영원토록 살 수 있기 때문에 더 이상 슬퍼하지 말고 사명 감당하는 삶을 살라고 그 꿈을 꾸게 하시고 말씀하신 것이었다. 나는 그 후 더 이상 눈물을 흘리지 않게 되었고, 대신 내가 모든 사명을 감당한 뒤 천국에 가면 어머니와 영원토록 산다는 소망을 갖게 되었다.

꿈과 음성을 통하여 나의 슬픔을 치유하시고 천국의 소망을 주신 주님을 찬양한다. 할렐루야!

14. 부족한 나에게 세 번 나타나 주신 예수님

예수님께서는 부족한 저에게 세 번 나타나 주셨습니다.

첫 번째 오셨을 때는, 제가 간절히 기도하여 성령의 충만한 임재 가운데 있을 때였는데, 사도 바울과 같이, 제가 몸 안에 있었는지 몸 밖에 있었는지 잘 모르는 상황(고후12:2-3)에서 나타나 주셨으며, 두 번째 오셨을 때는 성령의 기름 부음이 강력한 분의 안수를 받자 갑자기 영안이 열려서 그곳에 오신 예수님을 보았으며, 세 번째는 예수님께서 꿈속에서 나타나 주셨습니다.

그런데 하나님의 음성은 수백 번 이상 들려주셨습니다. 이런 것을 인정하지 않은 분들은 제가 '신비주의자'라고 하거나, '이단'이니, '삼단이니'라고 말할 수 있으나, 주님께서, 저의 의지와 상관없이, 저에게 나타나 주신 것도 사실이고, 성령님께서, 저의 의지와 상관없이, 음성을 들려주신 것들도 사실이니, 제가 아무리 '이단', '삼단' 소리를 듣고, 제가 다른 사람들로부터 비난받는다고 해도 이것들을 부인할 수 없고, 거짓말해서도 안 되므로, 누군가가 저를 향해 '이단', '삼단'이라고 비난의 돌을 던진다면 저는, 항변하지 않고, 그냥 그 돌을 맞겠습니다.

제가 예수님을 보고 싶은 열망이 있었지만, 예수님을 보고 싶은 열망이 있다고 해서 예수님을 볼 수 있는 것은 아니고, 예수님

께서 나타나 주시는 것은,

첫째, 예수님의 절대적 권한에 속하며,

둘째, 거룩하신 하나님을 만날 수 있을 만큼, 철저한 회개를 통해서, 영적으로 아주 깨끗해야 하고(시24:3-4, 마5:8), 성령으로 깊이 충만해야(행7:55-56) 가능합니다.

시24:3 여호와의 산에 오를 자가 누구며 그의 거룩한 곳에 설 자가 누구인가

시24:4 곧 손이 깨끗하며 마음이 청결하며 뜻을 허탄한 데에 두지 아니하며 거짓 맹세하지 아니하는 자로다

마5:8 마음이 청결한 자는 복이 있나니 그들이 하나님을 볼 것임이요

행7:55 스데반이 성령 충만하여 하늘을 우러러 주목하여 하나님의 영광과 및 예수께서 하나님 우편에 서신 것을 보고

행7:56 말하되 보라 하늘이 열리고 인자가 하나님 우편에 서신 것을 보노라 한대

마찬가지로 제가 하나님의 음성을 듣고 싶은 마음이 강하였으나, 하나님의 음성을 듣고 싶은 마음이 강하다고 해서 하나님의 음성을 들을 수 없는데, 하나님의 음성을 들을 수 있는 것은,

첫째, 하나님의 절대적 권한에 속하며,

둘째, 거룩하신 하나님의 음성을 들을 수 있을 만큼, 철저한 회개를 통해서, 마음과 귀에 할례를 받아(**롬2:29**) 깨끗하고 정결해야 하며, 성령이 충만해야 가능합니다.

롬2:29 오직 이면적 유대인이 유대인이며 할례는 마음에 할지니

만약 회개를 게을리하여 마음이 깨끗하지 않게 되면 마귀가 광명의 천사로 가장하여 마치 예수님인 것처럼 나타날 수 있고, 마치 하나님의 음성인 것처럼 가장하여 들려줄 수 있으므로 매일, 철저한 회개를 통하여, 정결한 마음을 유지하며, 늘 겸손한 마음의 상태를 유지해야 하므로 저는 늘 그런 신앙으로 살려고 철저히 회개하며 노력합니다.

고후11:14 이것은 이상한 일이 아니니라 사탄도 자기를 광명의 천사로 가장하나니

고후11:15 그러므로 사탄의 일꾼들도 자기를 의의 일꾼으로 가장하는 것이 또한 대단한 일이 아니니라

그리고 요한계시록2-3장에서는 일곱 번이나 반복해서 '귀 있

는 자는 성령이 교회들에게 하시는 말씀을 들을지어다'라고 말하고 있으므로, 성령의 음성을 못 듣는 것이 문제이지, 듣는 것은 문제가 되지 않는다고 믿습니다.

계2:11 귀 있는 자는 성령이 교회들에게 하시는 말씀을 들을지어다 이기는 자는 둘째 사망의 해를 받지 아니하리라

계2:7 귀 있는 자는 성령이 교회들에게 하시는 말씀을 들을지어다 이기는 그에게는 내가 하나님의 낙원에 있는 생명나무의 열매를 주어 먹게 하리라

2:17 귀 있는 자는 성령이 교회들에게 하시는 말씀을 들을지어다 이기는 그에게는 내가 감추었던 만나를 주고 또 흰 돌을 줄 터인데 그 돌 위에 새 이름을 기록한 것이 있나니 받는 자 밖에는 그 이름을 알 사람이 없느니라

계2:29 귀 있는 자는 성령이 교회들에게 하시는 말씀을 들을지어다

계3:6 귀 있는 자는 성령이 교회들에게 하시는 말씀을 들을지어다

계3:13 귀 있는 자는 성령이 교회들에게 하시는 말씀을 들을지어다

계3:22 귀 있는 자는 성령이 교회들에게 하시는 말씀을 들을지어다

　부족한 종에게 세 번 나타나 주신 간증은 2022년에 쓴 「주님 오시리 곧 오시리」 책에 기록되어 있으나 혹시 안 읽은 분들을 위하여 다시 한번 말씀드리겠습니다.

1) 첫 번째 나타나신 예수님

내가 예수님을 만난 후 나의 삶은 완전히 변화되었다. 매일 성경을 읽고, 기도하는 것이 가장 중요한 일이 되었다. 성경 말씀을 읽으면 어찌 그리 재미있는지… 성경 말씀대로 꿀송이보다 더 달게 느껴졌다(시119:103). 성경을 10분만 보려고 했는데 30여분이 흐르기도 하였고, 3-4장만 읽으려고 하였는데 어느새 20-30장을 읽고 있었다. 예전에 7년 동안 교회에 다니면서 성경을 읽은 것은 성경 퀴즈 대회를 위하여 4복음서를 두 번 읽은 것밖에 없었다. 지명, 인명 등을 중심으로 공부하듯이 성경을 읽었으니 성경을 읽으면서 영적 기쁨이 있을 리가 없었다. 그러나 예수님을 만난 후 성경 말씀은 참으로 달콤하였다.

매일 이렇게 기도와 말씀으로 생활하던 어느 날, 교회 전도사님께서 중고등부 토요일 성경 공부를 나에게 부탁하셨다. 그 시간에 다른 볼일이 갑자기 생겼기 때문이었다. 부족하지만 순종하는 마음으로 정성껏 준비해서 아이들을 가르쳤다. 그런데 그다음 주에 전도사님에게 또 다른 일이 생겼다. 그래서 내가 또 아이들을 가르쳤다. 그런데 이상하게도 이런 일이 4주 동안 반복되었다.
그러자 이 일에 대하여 깊이 생각하신 전도사님은 "아무래도 토요일 성경 공부는 박 선생님이 하는 것이 하나님의 뜻인 것 같아요. 예전에는 그러지 않았는데 이상하게도 4주 동안 일들이 생겼잖아요? 그러니 아예 박 선생님이 가르치세요!"라고 말씀하셨다. 하나님의 은혜를 사모하며 항상 기도하시는 전도사님은 이 일에 대한 무엇인가 하나님의 사인(sign)을 깨달으신 것 같았다. 나는 부족했지만 순종하기로 하고 아이들을 가르치기 시작하였다. 그리고 성경 공부 후에 기도회를 하였다. 1시간 정도의 성경 공부를 마친 뒤에 3층 기도실에 올라가서 공부한 내용을 가지고 마음껏 소리를 내면서 부르짖었다. 아이들은 1주일 동안의 삶을 뒤돌아보면서 잘못한 것들을 눈물 흘리며 회개하였다. 하나님 말씀대로 살지 못한 자신을 생각하며 가슴을 치며 회개하였다. 그리고 하나님의 말씀대로 살게 해 달라고 부르짖었다. 중고등부의 분위기가 조금씩 변하였다. 은혜를 사모하는 마음들이 전염병처럼 퍼지기 시작하였다. 3-4명이 모여서 하던 성경 공부와 기도회는 얼마 후 30-40명으로 늘어났다. 부르짖으며 기도를 하는 중에 방언을 받는 아이들이 하나씩 늘어났다.

이렇게 몇 개월이 지난 뒤 여름 방학이 되었다. 여름 수련회를 위하여 교회에서는 여러 가지 프로그램을 넣어서 수련회를 계획하였고, 고등부 교사였던 나는 아이들과 함께 수련회에 참석하였다. 그런데 수련회의 프로그램을 보니 참으로 답답하였다. 아이들로 하여금 마음껏 부르짖으며 기도하는 시간이 없었다. 학생회 부장님이 대학교 교수님이다 보니 대학교와 같이 강의를 중심으로 한 교육이 대부분이었다. 아이들에게 필요한 것은 은혜였는데 은혜를 받게 하는 프로그램이 거의 없었다. 하나님의 은혜를 사모하여 부르짖으며 기도했던 아이들은 영적 갈증을 참지 못하였다. 첫날 프로그램이 모두 끝난 뒤 아이들이 나를 찾아왔다. "선생님, 우리 기도회를 좀 해요! 답답해 죽겠어요! 마음껏 부르짖으면서 기도하고 싶어요!" 중고등부 임원들을 중심으로 한 아이들이 와서 기도회를 하자고 했다. 나는 곤란하였다. 나는 그 당시 나이가 가장 적은 교사였다.

수련회를 이끄시는 분들은 부장 장로님들을 중심으로 한 윗분들이 아닌가? 내 마음대로 결정해서 기도회를 인도할 수 있는 상황이 아니었다. 한참 머뭇거리며 하나님의 지혜를 구한 나는 "너희들의 마음이 정 그렇다면 부장 장로님을 찾아가서 허락을 받고 오너라"라고 하였다. 그러자 중고등부 임원들은 부장 장로님을 찾아가서 기도회를 하고 싶다는 것을 간곡히 말씀드렸고, 결국 허락을 받아 왔다. 나는 기도하기를 원하는 아이들과 함께 야외에 나갔다. 찬송을 몇 곡 힘차게 불렀다. 그리고 말씀을 뜨겁게 전하였다. 하나님의 말씀을 깊이 알지는 못했지만 매일 기도한 것이 뒷받침되어서인지 내가 열정적으로 전한 말씀은 총알같이 아이들의 마음을 파고들었다.

　말씀을 마친 뒤 기도회에 들어갔다. 아무도 없는 산속이라서 거칠 것이 없었다. 나와 아이들은 마음껏 소리를 지르며 부르짖었다. 우리들의 기도 소리가 메아리쳐 왔다. 참으로 아름다운 기도 합주회였다. 그런데 잠시 후 이상한 현상이 나타났다. 내가 무릎 꿇고 기도하는데 저만치 앞에서 무릎 꿇고 있는 내 모습이 보였다. '이게 무슨 일이란 말인가? 내가 저기에 또 있다니….' 그런데 내 모습만 보이는 것이 아니었다. 내 앞에 계단이 보였고, 계단 위에서 어떤 한 사람이 서서히 내려오고 있었다. 흰옷을 입고 있었는데 옷이 발끝까지 끌리고 있었다. 처음 보는 분이지만 순간 '예수님이시다!'라는 생각이 들었다. 그분은 저만치 앞에 보이는 또 다른 나에게 다가오셨다. 무릎을 꿇고 기도하는 나에게 무엇인가를 씌워주시면서 '아들아, 얼마나 수고가 많으냐? 계속해서 열심히 하거라!'라고 하셨다. 예수님께서 내 머리에 무엇을 씌워주시는지 자세히 보니 면류관이었다.

　아, 예수님은 내가 아이들과 씨름하면서 성경 공부하고 기도회를 한 것을 보고 계셨던 것이다. 날마다 아이들의 이름을 불러가며 중보 기도했던 것을 보고 계셨던 것이다. 내 주머니에 있는 돈을 탈탈 털어서, 기도회가 끝난 후 아이들에게 호떡을 사주며 아이들과 함께 하였던 것을 보고 계셨던 것이다. 아이들의 영혼을 불쌍히 여기면서 가슴 아파했던 것을 다 알고 계셨다. 오랫동안 교회를 다녔지만 은혜를 경험하지 못해 삶의 변화가 없던 아이들이 변화되도록 힘을 다하여 헌신하며 일한 것을 보고 계셨던 것이다. 그리고 수련회에 와서 아이들과 같이 성령 충만함을 받기 위하여 간절히 부르짖으며 수고하고 애쓰는 나를 격려하기 위하여 오신 것이었다. 나에게 면류관을 씌워주시며 격려하셨던 예수님은 다시 서서히 계단을 통하여 올라가셨다. 그리고 그 환상은 사라졌으며 나도 현실로 돌아왔다. 아이들은 아직도 마음껏 소리를 지르며 부르짖고 있었다. 밤하늘에는, 아이들의 영혼들처럼, 별이 초롱초롱하게 빛나고 있었다. 그리고 내 마음에도 이 환상이 계속해서 초롱초롱 빛나고 있었다. 내가 힘이 들고 지칠 때, 예수님께서 찾아오셔서 면류관을 씌워주시고 격려하신 것을 생각하면 다시금 새 힘이 생겼다. 죄인 중에 괴수인 나의 모든 죄를 용서해주신 것만도 감사한데, 내게 찾아오셔서 면류관을 씌워주시면서 격려하신 주님께 황송하면서 감사와 찬양을 드린다. 할렐루야!

고후12:2 내가 그리스도 안에 있는 한 사람을 아노니 그는 십사 년 전에 셋째

하늘에 이끌려 간 자라 (그가 몸 안에 있었는지 몸 밖에 있었는지 나는 모르거니와 하나님은 아시느니라)

고후12:3 내가 이런 사람을 아노니 (그가 몸 안에 있었는지 몸 밖에 있었는지 나는 모르거니와 하나님은 아시느니라)

2) 두 번째 나타나신 예수님

40일 금식 기도를 통해서 새로운 방언(은사 방언), 축사, 환상, 예언 등의 여러 가지 성령의 은사들이 나타나자 나는 케네스 헤긴 목사님 등과 같이 영성 사역을 한 분들의 책들을 읽으면서 영성 사역에 대하여 지식을 넓혀 갔다. 하지만 혼자서 책을 읽으며 공부한다는 것에 한계와 답답함을 느낀 나는 '영성 사역에 대하여 전문적으로 공부를 해야겠다'는 생각이 들어 영성 사역을 전문으로 하는 학교에 대하여 알아보았는데 서울에 OOO 신학원이라는 학교가 있어서 그 학교에 박사과정으로 등록하고 공부하였다. OOO 신학원에서는 해외의 기름 부음이 충만한 목사님들을 모셔다가 집회를 하기도 하고, 목회자들을 대상으로 세미나를 열어 주기도 했으며, 국내에서 활동하는 분들 가운데 지성과 영성의 기름 부음이 충만한 분들의 강의를 들으며 공부할 수 있도록 해주었다.

영성에 대한 여러 강의를 듣는 가운데 대전 침신대 목회상담학 교수였던 안태길 교수님의 〈내적 치유의 이론과 실제〉라는 강의를 듣게 되었다. 안태길 교수님은 학문적으로도 탁월하시고 영적으로도 기름 부음이 충만한 분이라는 것을 이미 들었었기 때문에 사모하는 마음으로 말씀을 들었다.

안 교수님께서 〈내적 치유의 이론과 실제〉에 대하여 첫째 날 강의를 마친 뒤, 세미나에 참석한 목사님들에게 "통성으로 기도합시다"라고 말씀하신 뒤, 당신은 돌아다니면서 목사님들을 위해서 기도해주시겠다고 하셨다. 나는 다른 목사님들과 같이 큰 소리로 간절히 기도하며 안 교수님 안에 있는 성령의 기름 부음이 내 안에 흘러들어오기를 사모하였다. 한참 동안 기도하고 있는데 안 교수님이 두 손을 들고 기도하는 내 손을 잡고 기도해주셨다. 그런데 안 교수님이 내 손을 잡고 기도해주는 순간 그분 안에 있는 성령의 기름 부음이 내 안에 흘러들어오는 순간 나의 영안이 열렸는데 갑자기 주님의 보좌가 보였다. 그러자 내 안의 영이 나도 모르게 크게 외쳤다. "아, 주님의 보좌가 보인다! 주님의 보좌가 보인다!" 그런데 잠시 후에 황소의 옆얼굴도 보이는 것이었다. 그러자 내 영이 또 "아, 황소의 옆얼굴이 보인다! 황소의 옆얼굴이 보인다!"라고 크게 외쳤다. 그런 상태에서 한동안 기도하였고 첫날 세미나가 끝났다. 그런데 나에게 한 가지 의문이 생겼다.

'주님의 보좌가 보였는데 왜 황소의 옆얼굴이 보였지?'

'주님의 보좌와 황소의 얼굴과 무슨 상관이 있지?'하며 깊이 생각하는데 문득 에스겔 1장이 떠올랐다. 그래서 급히 성경을 열고 보았다.

겔1:1 제삼십년 사월 오일에 내가 그발 강가 사로잡힌 자 중에 있더니 하늘이 열리며 하나님의 이상을 내게 보이시니…

그 얼굴들의 모양은 넷의 앞은 사람의 얼굴요 넷의 우편은 사자의 얼굴이요 넷의 좌편은 소의 얼굴이요 넷의 뒤는 독수리의 얼굴이니

아, 내가 본 환상은 에스겔이 보았던 환상과 같은 것이었다. 에스겔의 영안이 열렸을 때 그는 하나님의 보좌를 보았고, 주님의 보좌 앞에 있는 네 생물 즉, 사람의 얼굴, 사자의 얼굴, 소의 얼굴, 독수리의 얼굴을 한 생물을 보았듯이, 주님께서는 나의 영안이 열리게 하셔서 주님의 보좌를 보게 하셨고, 주님의 보좌 앞에 있는 네 생물 중 소의 얼굴을 보게 하신 것이었다.
그런데 주님은 네 생물들 가운데 왜 소가 보이게 하셨을까?

하나님께서 성령으로 기름 부으셔서 영성 사역을 하게 하신 몇 년 동안 나는 J국에 다니면서 집회했었다. 그런데 나를 초대한 선

교사님의 사모님께서 나에 관한 꿈을 네 번 꾸었는데, '그 꿈 네 번 가운데 세 번의 꿈에서 내가 소의 형상으로 나타났었다'라고 말하였었다. 그 사모님이 메일로 보내준 내용을 그대로 적어본다.

5월 26일(월)

목사님께서 작년 11월에 여기 오신 후에 제가 지금까지 목사님에 관한 꿈을 네 번 꾸었는데 목사님이 꿈에 나타나실 때는 소의 모습으로 나타났습니다. 네 번 중 세 번은 소의 모습이셨고 한 번은 목사님 모습이었습니다.

첫 번째 꿈은, 소가 활활 타는 장작불 위에 서 있었습니다. 소의 온몸이 불길에 휩싸여 있어서 저는 너무 놀라 가까이 가서 소를 쳐다봤는데 소는 아무 소리도 안 내고, 놀라지도 않고, 고통스러워하지도 않고, 가만히 서 있는 것이었습니다. 근데 소가 하나도 타지 않았습니다. 그 소가 왜 목사님인지, 어떻게 알았는지는 저도 모르겠지만 보는 순간 목사님이란 생각이 들었습니다.

두 번째 꿈은 소가 어느 시골 마당에 매여 있었습니다. 한 자리에 아주 오랫동안 매여 있었던 거 같은데, 소가 서 있던 자리가 패이고 패여 소의 키만큼 땅이 패여 버렸습니다. 근데 어디선가 건장한 청년 네 명 정도가 오더니 소를 그 패인 땅속에서 꺼내 주었습니다. 구덩이에서 나온 소는 청년처럼 아주 건강하고 힘이 있어 보였고, 온몸에 기름이 흐르고 환하게 빛이 났습니다. 소를 매고 있던 고삐가 없어서 소는 어디든지 갈 수 있게 되었고 무슨 일이든 할 수 있을 것 같은 큰 능력이 있어보였습니다. 그 소가 목사님인지 어떻게 알았는지는 저도 모르겠지만 보는 순간 목사님이란 생각이 들었습니다.

세 번째 꿈은 그 꿈이 아직 완전히 이뤄지지 않았기에 다 이뤄지면 말씀드리겠습니다.

네 번째 꿈은 이번 5월 1일 집회를 위해 기도하던 중에 꾸었습니다.

아주 힘 있고 건강한 소가 저 있는 쪽으로 오더니 그 소가 해산을 하는 것이었습니다. 힘든 해산의 고통을 다 한 후에 아주 예쁜 송아지를 낳았는데, 그 소가 목사님인지 어떻게 알았는지 저도 모르겠습니다. 그런데 그 꿈대로 이번 집회를 통해 물과 성령으로 거듭난 영혼들이 얼마나 예쁜지... 이제 실제로 소보면 목사님 생각날 것 같습니다.

5. 29(목)

제가 꾼 첫 번째 꿈 이야기 중에 장작불이라고 말씀드렸는데 자세히 다시 생각해보니 그 장면은 창22:9에 나오는 "이에 아브라함이 그 곳에 제단을 쌓고 나무를 벌여 놓고 그의 아들 이삭을 결박하여 제단 나무 위에 놓고"와 같은 상황인데 그 소가 번제단 같은 곳 위에 있었고 소 밑의 나무는 불이 타는 게 아니고 다 타고 빨간 숯불의 상태였는데 소는 활활 타고 있었습니다. 소 주위에 타고 있던 불은 일반 불과는 다른 거룩한 불이란 느낌이 들었습니다.

말씀드리지 않은 세 번째 꿈은 목사님이 섬기는 교회 홈페이지에 보면 목사님에 대한 여러 예언들이 있는데 그 예언 중의 하나를 보여주신 것입니다. 그 예언의 성취를 위해 중보 기도 하라는 하나님의 뜻으로 알고 기도하겠습니다.

이처럼 하나님께서는 그 선교사님 사모님에게도 나를 소의 형상으로 보여주셨다. 아마도 생각건대 "박목사는 소와 같은 종이다"라는 의미인 것 같다. 소가 인간에게 순종하고 충성하듯이, 나는 하나님의 말씀에 순종하고 죽도록 충성하려는 마음이 있기 때문이다.

아무튼 첫째 날의 세미나를 통하여 하나님께서는 영안을 열어서 주님의 보좌와 주님의 보좌 앞에 있는 네 생물 중 소를 볼 수 있는 영광을 하락하셨다.

안 교수님의 강의는 두 번째 날에도 계속되었다. 안 교수님의 강의는 빈들의 마른 풀에 단비가 내리듯 내 심령을 촉촉이 적셨다. 안 교수님은 강의를 마친 후 목사님들에게 같이 찬양하고 기도하는 시간을 갖자고 하셨다. 그래서 찬양하는 시간에 내가 앞으로 나가서 찬양을 인도하였다. 목사님들과 같이 "할렐루야, 할렐루야 할렐루야, 할렐루야…" 찬양을 할 때 나는 화음을 넣어 부르기도 하고 방언으로 찬양하기도 하면서 영적으로 깊은 지성소까지 가서 주님을 만나고 주님의 음성을 듣고 싶은 마음으로 찬양에 몰두하였다. 사모함과 간절함 가운데 찬양하고 있는데 안 교수님이 갑자기 나에게 "목사님, 무릎을 꿇고, 두 손 들고 기도하세요!"라고 하셨다. 그래서 무릎 꿇고 기도하기 시작했는데 안 교수님이 내 손을 잡고 기도해주시기 시작했다. 그러자 안 교수님 안에 있는 성령의 기름 부음이 내 안에 흘러들어오기 시작하였다. 그분의 강력한 기름 부음이 내 안에 흘러들어오자 나는 성령의 능력에 압도되어서 쓰러져버리고 말았다. 그리고 강력한 기름 부음으로 인해서 또 영안이 열렸다. 그런데 이게 웬일인가? 세미나를 한 그곳에 천사들이 좌우로 도열하고 있는 것이 보였다. 그리고 좌우로 서 있는 천사들 가운데로 예수님께서 발에 끌리시는 옷을 입고 걸어오시는 것이 보였다. 그러자 내 영이 나도 모르게 크게 외쳤다.

"오, 예수님께서 수많은 천사들과 함께 이곳에 오셨다!"

그런데 그 주님께서 내 앞에 오셨다. 그리고, "아들아, 말세는 말씀과 함께 '영성의 시대'이다. 그러므로 하나님 말씀과 함께 성령 충만의 기름 부음이 넘치는 성도들과 사역자들이 되도록 훈련시켜서 그들로 하여금 복음을 증거하게 하라!"라고 말씀하셨다. 그래서 나는 "주님, 알겠습니다! 저의 생명을 다 바쳐서 주님의 뜻이 이루어지도록 하겠습니다!"라고 고백하였다.

나의 고백을 들으신 주님은 떠나가셨고, 나의 영안은 다시 닫혔으며, 안 교수님의 내적 치유 세미나는 끝났다.

안 교수님의 내적 치유 세미나를 통해서 주님은 내게 두 번째 오셨으며, 40일 금식 기도를 통해서 새로운 차원의 영성에 도달하게 하시고, 축사의 기름 부음을 통해서 귀신이 쫓겨나게 하시고, 영안을 열어서 환상을 보게도 하시고, 예언하게도 하신 것은 베드로 사도가 행2:16-21에 말한 대로 요엘 선지자의 예언의 성취이며, 마지막 시대에 영적 추수를 하기 위함이며, 성도들이 슬기로운 다섯 처녀들처럼 성령의 기름 부음이 충만한 가운데 신랑되신 예수님을 맞을 준비를 하게 하시기 위함인 것이다.

그렇다! 지금 이 시대는 요한 계시록이 성취되는 시대요, 곧 주님께서 공중에 강림하시게 될 것이다. 이러한 때에 우리가 할 일은 두 가지다.

하나는 공중에 강림하실 주님을 맞이하기 위하여 내가 슬기로운 다섯 처녀들처럼 항상 성령 충만의 기름 부음 가운데 주님 맞을 준비를 해야 하며, 또 하나는 주님께서 공중 강림하시면 이방인의 때가 닫히기 때문에, 주님께서 오시기 전에 한 영혼이라도 더 구원해야 한다.

부족한 나에게 두 번째 오셔서 하나님 말씀과 함께 성령 충만의 기름 부음이 중요한 시대임을 깨닫게 해주신 예수님을 찬양한다. 할렐루야!

"그 후에 내가 내 영을 만민에게 부어 주리니

너희 자녀들이 장래 일을 말할 것이며 너희 늙은이는 꿈을 꾸며 너희 젊은이는 이상을 볼 것이며

그 때에 내가 또 내 영을 남종과 여종에게 부어 줄 것이며

내가 이적을 하늘과 땅에 베풀리니 곧 피와 불과 연기 기둥이라

여호와의 크고 두려운 날이 이르기 전에 해가 어두워지고 달이 핏빛 같이 변하려니와

누구든지 여호와의 이름을 부르는 자는 구원을 얻으리니 이는 나 여호와의 말대로 시온 산과 예루살렘에서 피할 자가 있을 것임이요 남은 자 중에 나 여호와의 부름을 받을 자가 있을 것임이니라"(욜2:28-32)

3) 세 번째 나타나신 예수님

어느 한 교인과 다른 교인이 다투는 것을 보았다. 둘 다 교회의 핵심 멤버인데 서로의 의견 차이로 인해서 각자가 소리를 높이며 자신의 주장을 굽히지 않는 것이다. 그 일이 있은 후 교회에서 전체 교인들의 모임이 있었는데 소수의 일부 교인들만 모여 있었다. 나는 모인 교우들에게 "다른 사람들은 어찌 오지 않았느냐?"고 물었더니 한 교우가 "좀 전에 다투었던 ㅇㅇ보기 싫어서 안 온대요"라고 말하였다. 그 이야기를 듣고 보니 서로 다투었던 두 사람 가운데 한 사람은 모임에 왔는데 한 사람은 안 오면서, 안 온 교우와 가까이 지낸 사람들이 같이 안 온 것이었다. 한 교회를 섬기는 교우들이 서로 다투는 것을 본 것만도 마음이 아픈데, 서로가 화해하지 않고, 교회 전체의 모임에 상대방이 보기 싫어서 오지 않다니. 그리고 그 교우와 가까이 지낸 사람들까지 같이 오지 않다니... 나는 너무 마음이 아팠다. 속도 상하였다. 그래서 교우 한 사람을 그들에게 보내며 "빨리 가서 지금 당장 모두 오라고 하세요!"라고 말하였다. 그러자 잠시 후에 그들이 왔다. 나는 모인 교우들에게 간절히 말하였다.

"아니, 어떻게 한 교회를 섬기는 분들이 서로 다투고 꼴 보기 싫다고 모임에 안 나올 수가 있습니까? 예수님께서는 친히 화목제물이 되셔서 십자가에서 죽으심으로써 하나님과 우리 사이에 있는 막힌 담을 허물어버리시고 하나님과 우리를 화목하게 하셨고, 나와 다른 사람들 사이의 막힌 담도 허물어버리셨기 때문에 우리가 사랑으로 하나 되어야 하는데, 사랑으로 하나가 되어야 할 성도들이 자신들의 의견을 주장하다가 싸우다니요… 나보다 남을 더 낫게 여기며 서로가 양보를 해야지 어찌 자기 의견만이 옳다고 얼굴을 붉히며 다투고 상대방 꼴 보기 싫다고 다른 교우들까지 선동하여 모임에 오지 않다니요… 우리 죄를 용서하시고 구원하신 예수님께서 이런 모습을 보시면 얼마나 마음이 아프시겠습니까? 어찌하여 예수님의 가슴에 못질을 한단 말입니까?"

안타까운 마음으로 그들에게 간절히 호소를 하고 있는데 갑자기 하늘이 열리고 예수님의 모습이 보였다. 깜짝 놀라서 예수님을 보았는데, 이게 웬일인가? 내가 다툰 교우들에게 간절히 말하고 있는 그대로 주님께서 똑같이 말씀하고 계시는 것이었다. 내가 지금 교우들에게 말하고 있는 것은 나 스스로가 말하는 것이 아니라, 예수님께서 내 입을 통해서 말씀하고 계신 것이라는 의미였다. 그런데 간절히 말씀하시는 예수님의 얼굴을 보니 예수님의 눈에서 눈물이 하염없이 흐르고 있었다. 서로 사랑하고 하나가 되어야 할 교우들이 다투고, 꼴 보기 싫다고 자기와 가까이 지내는 사람들을 선동하여 모임에 불참하며 당신의 몸된 교회에 분란을 일으킨 것을 보시고는 너무 마음이 아파서 눈에서 눈물을 흘리시면서 나의 입술을 통하여 말씀하고 계신 것이었다. 그런데 주님의 눈에서 흐르는 눈물이 예수님의 볼을 타고 흘러서 내 얼굴에 뚝뚝 떨어지는데 예수님의 이루 말 할 수 없이 아픈 마음이 내 마음에 그대로 전달되어서 느껴졌다. 예수님의 눈물이 내 얼굴에 뚝뚝 떨어지며 예수님의 상하고 찢긴 마음이 전달되고 있는데 잠에서 깨었다. 꿈이었던 것이다. 교인들이 다툰 것, 서로 다투고 꼴 보기 싫다고 가까이 지낸 교우들과 같이 교회 모임에 참석하지 않은 것, 내가 안 온 교우들을 오라고 해서 간절한 마음으로 호소를 한 것, 그때 하늘이 열리고 예수님께서 나와 똑같이 말씀하신 것, 예수님의 눈에서 눈물이 흘러서 내 얼굴에 뚝뚝 떨어진 것, 이 모든 것들이 꿈이었던 것이다. 그런데 예수님의 눈에서 흐른 눈물이 내 뺨에 떨어졌을 때 그 느낌은 꿈에서 깨어났는데도 너무나도 생생하였다. 꿈에서 깼음에도 불구하고 꿈에서 예수님의 눈에서 흘러 내 얼굴에 떨어진 눈물이 아직도 내 얼굴에 있는 듯 생생하게 느껴졌다.

'아, 예수님께서는 교인들이 사랑으로 하나 되지 못하고 다투어 주님의 피 값으로 사신 교회가 분열될 때 너무나 마음이 아프시구나... 사랑의 예수님께서는 너무나 마음이 아프셔서 눈물을 흘리시며 하나가 되라고 호소하시는구나...'

성도들이 하나 되지 못하고 다툴 때, 주의 종들이 하나 되지 못하고 서로 다툴 때, 당신의 자녀들이 서로 다투고, 고발하여 세상 법정에 서서 같이 하나님의 자녀 된 지체를 비난하며 정죄할 때, 주님은 마음이 찢어질 듯 아파서 피눈물을 흘리시는 것이다.

만약 사랑하는 자녀들이 하나 되지 못하고 서로 반목하고 서로 고발하고, 서로 법정에 서서 정죄할 때, 그것을 바라보는 부모의 마음은 어떻겠는가? 마음이 찢어질 듯 아프지 않겠는가? 마찬가지로 하나님의 자녀들이 서로 다투고, 반목하고, 원수 맺고, 고발하고, 교회가 둘, 혹은 셋으로 찢어져 나누어지고, 목사와 목사들이 서로 싸우고, 목사와 장로들이 싸우고, 목사와 성도들이 다투며 싸우고, 장로들이 목사를 내쫓고, 성도들이 목사를 내쫓는 모습들을 주님께서 보실 때 주님의 마음은 찢어질 듯 아프고 괴로워서 피눈물을 흘리시는 것이다. 그런데 우리들은 주님의 눈에서 흘리는 피눈물은 생각지도 않고 서로 다투고 싸우니 이 죄들을 어찌할꼬….

그렇다! 주님께서는 이 꿈을 통하여 성도들이 주의 사랑으로 하나 되어 화목하며 지내는 것이 얼마나 중요하며, 성도들이 하나 되지 못하고 서로 다투고, 반목할 때 주님께서 얼마나 아파하시는지 알게 해 주셨다.

주여, 우리가 사랑으로 하나 되지 못하고, 서로 다투고 싸우고 고발하며 주님의 가슴에 대못을 박은 죄들을 회개케 하옵소서!

얼마나 아프실까

얼마나 아프실까 예수님의 마음은
자녀 된 성도들이 하나 되지 못하고 서로 다툴 때
얼마나 아프실까 예수님의 마음은
사랑을 외치는 당신의 종들이 하나 되지 못하고 서로 다툴 때
얼마나 아프실까 예수님의 마음은
자녀 된 성도들이 서로 고발하며 세상 법정에 설 때
얼마나 아프실까 예수님의 마음은
당신이 세우신 종들을 장로들이 쫓아낼 때
얼마나 아프실까 예수님의 마음은
당신이 세우신 종들을 성도들이 쫓아낼 때
얼마나 아프실까 예수님의 마음은
교인들이 하나 되지 못하고 서로 다투고 교회가 찢어질 때
얼마나 아프실까 예수님의 마음은
주님의 신실한 종들을 이단이라 모함하며 매도할 때
얼마나 아프실까 예수님의 마음은
배설물 같은 세상 감투를 위해 귀한 헌금으로 정치하는 것을 보실 때
얼마나 아프실까 예수님의 마음은
당신의 자녀들이 세상 사람들의 손가락질 받고 비난받을 때

요일4:7-8 사랑하는 자들아 우리가 서로 사랑하자 사랑은 하나님께 속한 것이니 사랑하는 자마다 하나님으로부터 나서 하나님을 알고 사랑하지 아니하는 자는 하나님을 알지 못하나니 이는 하나님은 사랑이심이라

요일4:20-21 누구든지 하나님을 사랑하노라 하고 그 형제를 미워하면 이는 거짓말하는 자니 보는 바 그 형제를 사랑하지 아니하는 자는 보지 못하는 바 하나님을 사랑할 수 없느니라 우리가 이 계명을 주께 받았나니 하나님을 사랑하는 자는 또한 그 형제를 사랑할지니라

제 3 장

예수님의 '공중 강림'도
준비해야 합니다

15. 휴거에 대하여 깨닫게 해주신 성령님

어느 날 성경을 보다가 데살로니가 전서를 읽게 되었다. 그런데 살전4:16-17이 마음에 와닿았다.

살전4:16 주께서 호령과 천사장의 소리와 하나님의 나팔 소리로 친히 하늘로부터 강림하시리니 그리스도 안에서 죽은 자들이 먼저 일어나고

살전4:17 그 후에 우리 살아남은 자들도 그들과 함께 구름 속으로 끌어 올려 공중에서 주를 영접하게 하시리니 그리하여 우리가 항상 주와 함께 있으리라

흔히 '휴거'라고 말하는 부분이었다. 교회는 다녔지만 예수님을 영접하지 않았을 때 『휴거』라는 책을 읽어보았지만 아무 감동도, 느낌도 없었다. '그저 그렇구나…'하는 생각만 했었다. 또 고등학교 때에는 '휴거'와 관련된 가스펠 송(Gospel song) "예수님 맞을 준비 됐나"라는 곡이 유행했었는데, 가사가 무슨 뜻인지도 모르고 아무 생각 없이 흥겹게 불렀었다.

1. 예수님 맞을 준비 됐나 진정 거듭났어요 예수님 피로
내 옷은 흰 눈보다 깨끗해졌나요 예수님 맞을 준비 됐나
2. 난 주님 맞을 준비 됐네 진정 거듭 났어요 예수님 피로

내 옷은 흰 눈보다 깨끗해졌어요 예수님 맞을 준비 됐네
(후렴) 두 사람이 함께 맷돌 갈다가 두 사람이 함께 잠을 자다가 한 사람만 가고 한 사람은 남겠네 예수님 맞을 준비됐나.

그런데 예수님을 만나고 난 뒤『휴거』라는 책을 다시 읽었을 때는 엄청난 충격을 받았다. 만약 내가 예수님을 만나기 전에 예수님께서 공중 강림하셨다면, 나는 이 땅에 남아 대 환난을 겪어야 하는 사람들 가운데 한 명이었음을 알게 되었기 때문이었다. 그래서 이 땅에 남지 않고 꼭 '휴거'할 수 있는 내가 되고자 철저히 회개하며 영혼들을 구원하는 데 힘쓰고 주님의 오심을 소망하며 준비하는 삶을 살게 되었었다.

그런데 살전4:16-17을 읽으면서 '주님이 오셨을 때 사람들이 어떻게 휴거될까?', '사람들이 어떻게 공중에 올라가지?'하는 의문이 생기기도 했고, '만약 몸무게가 무거운 사람이 들림받다가 너무 무거워서 떨어지면 어떡하지…' 하는 인간적인 걱정이 생기기도 하였다. 나는 성경 말씀을 보거나 영적인 책을 읽다가 어떤 의문이 생기면 그 문제를 꼭 풀려는 경향이 있었기 때문에 그 문제를 가지고 기도하기 시작했다.

"하나님, 제가 예수님을 사모하며 천국을 사모하는 맘을 주님

이 아십니다. 저는 예수님의 공중 강림도 믿고, 예수님이 공중에 오셨을 때 성도들이 '휴거'하여 공중에서 주님을 만나는 것도 믿습니다. 그런데 성도들이 어떻게 '휴거'하게 되나요? 제가 어떻게 '휴거'될지 궁금합니다. 항상 저의 영적인 의문들을 풀어주신 주님께서 이 문제도 풀어주세요! 깨닫게 해주세요!"

나는 이 문제가 풀릴 때까지 기도하기로 마음을 먹고 날마다 기도하였다.

그러던 어느 날 꿈을 꾸었다. 길을 걸어가는데 갑자기 하늘에서 "빠밤 빰빰~"하는 큰 나팔 소리가 내 귀에 들렸다. 그러자 하늘에서 강력한 흡입력이 순식간에 나를 하늘로 끌어 올렸고 내 몸은 하늘에 올라가 있었다. 하늘에 올라가 보니 전 세계에서 수많은 사람들이 올라와 있었다. 백인종, 흑인종, 황인종 할 것 없이 수많은 사람들이 흰 옷을 입고 '휴거' 되어 있었던 것이다.

나는 '휴거된 사람들 가운데 내가 아는 사람들도 있을까?', '내가 자주 보아왔던 두 사람도 휴거되었을까?'하는 의문이 생겼다. 그래서 그 두 사람을 찾아보았는데, 신기하게도 그 많은 사람들 가운데에서 한 사람을 금방 만나게 되었다. 그 성도는 평소에 신앙생활을 신실하게, 하나님의 말씀대로 순종하면서 살려고 하며 늘 깨어 있으려고 애쓰던 성도였다. 그런 성도가 같이 휴거 되어 공중에서 만나는 것은 하나도 이상하지 않았다. 그런데 내가 궁금해했던 다른 한 성도는 아무리 찾으려고 해도 찾을 수가 없었다. 그 성도는 예배를 드리며 신앙생활을 한다고 하지만 '저렇게 신앙 생활하면 안 되는데..'하는 생각이 들었던, 세상적이고, 육적인 성도였던 것이다. 나는 성경 말씀이 떠올랐다.

마24:40 그 때에 두 사람이 밭에 있으매 한 사람은 데려가고 한 사람은 버려둠을 당할 것이요

마24:41 두 여자가 맷돌질을 하고 있으매 한 사람은 데려가고 한 사람은 버려둠을 당할 것이니라

마24:42 그러므로 깨어 있으라 어느 날에 너희 주가 임할는지 너희가 알지 못함이니라

마24:43 너희도 아는 바니 만일 집 주인이 도둑이 어느 시각에 올 줄을 알았더라면 깨어 있어 그 집을 뚫지 못하게 하였으리라

마24:44 이러므로 너희도 준비하고 있으라 생각하지 않은 때에 인자가 오리라

그렇다! 예수님 믿고 예배를 드리고 신앙생활을 한다고 모두 휴거되는 것이 아니었다. 영적으로 정결한 가운데 깨어있는 성도들만 휴거 되는 것이었다. 예수님을 믿는 모든 성도가 휴거 된다

면 예수님께서 굳이 깨어있으라고 말씀하실 이유가 없지 않은가? 또 예수님은 마 25장에서 열 처녀의 비유를 통하여 예수님이 오셨을 때 등과 함께 기름이 준비된 성도들만이 혼인 잔치에 참여할 수 있다고 말씀하셨다.

마25:1 그 때에 천국은 마치 등을 들고 신랑을 맞으러 나간 열 처녀와 같다 하리니

마25:2 그 중의 다섯은 미련하고 다섯은 슬기 있는 자라

마25:3 미련한 자들은 등을 가지되 기름을 가지지 아니하고

마25:4 슬기 있는 자들은 그릇에 기름을 담아 등과 함께 가져갔더니

마25:8 미련한 자들이 슬기 있는 자들에게 이르되 우리 등불이 꺼져가니 너희 기름을 좀 나눠 달라 하거늘

마25:9 슬기 있는 자들이 대답하여 이르되 우리와 너희가 쓰기에 다 부족할까 하노니 차라리 파는 자들에게 가서 너희 쓸 것을 사라 하니

마25:10 그들이 사러 간 사이에 신랑이 오므로 준비하였던 자들은 함께 혼인 잔치에 들어가고 문은 닫힌지라

마25:11 그 후에 남은 처녀들이 와서 이르되 주여 주여 우리에게 열어 주소서

마25:12 대답하여 이르되 진실로 너희에게 이르노니 내가 너희를 알지 못하

노라 하였느니라

마25:13 그런즉 깨어 있으라 너희는 그 날과 그 때를 알지 못하느니라

이 비유에서 신랑은 예수님을 상징하고, 열 처녀는 신랑이신 예수님을 기다리는 성도들을 상징하며, 등은 외적으로 보이는 신앙생활을, 기름은 성령 충만을 뜻하는 것이다. 운전하는 사람들은 항상 자동차의 계기판을 보며 기름이 얼마나 남았는지 점검한다. 만약 기름이 얼마 남지 않아서 계기판에 불이 들어온다면 빨리 가서 기름을 채워야 할 것이다.

신앙생활도 마찬가지이다. 지혜로운 성도는 자기가 얼마나 성령 충만한지 그렇지 않은지 날마다 점검하면서 만약 성령 충만하지 않다면 무엇보다도 먼저 성령 충만을 받도록 기도에 힘쓸 것이다. 왜냐하면 성공적인 신앙생활은 나의 노력, 열심보다도 성령 충만의 여부에 따라서 결정되기 때문이다(슥4:6). 그러나 미련한 성도들은 성령 충만이 얼마나 중요한지, 자기 안에 성령 충만의 기름 부음이 얼마나 있는지 점검하지 않고 살며, 성령 충만 받지 않고도 그냥 자신의 열심과 노력, 생각 등으로 살기도 하고 세속적으로 살기도 한다. 그런 믿음으로는 주님의 오심을 맞이할 수 없는 것이다.

특히 10명의 성도들 모두가 신랑 되신 예수님을 기다렸음에도 불구하고 모두가 들림 받는 것이 아니라, 성령 충만을 받은 성도들만이 혼인 잔치에 참여할 수 있다는 것은 신앙생활에 있어서 성령 충만이 얼마나 중요하며, 휴거 하는 데 절대적으로 필요함을 보여준다.

그런데 주님은 이와 같이 휴거 하는 꿈을 며칠 후에 한 번 더 꾸게 하셨다. 이는 애굽의 바로왕으로 하여금 7년 풍년과 7년 흉년에 대한 꿈을 '두 번' 겹쳐 꾸게 하심으로써 하나님께서 그 일이 확실히 일어남을 말씀하신 것과 같이 공중 휴거는 '반드시' 있을 것이며, 영적으로 깨어있는 성도들만 휴거 된다는 것을 확실히 말씀하심과 같아서, 주님의 공중 강림에 대비하여 항상 깨어있는 것이 얼마나 중요한지 깨닫게 되었다. 이 꿈을 계기로 나는 주님의 공중 강림을 더욱 사모하고 준비하며 살게 되었다. 기도에 응답하셔서 휴거에 대하여 깨닫게 하신 주님을 찬양한다. 할렐루야!

창41:32 바로께서 꿈을 두 번 겹쳐 꾸신 것은 하나님이 이 일을 정하셨음이라 하나님이 속히 행하시리니

16. 휴거에 대하여 말씀해 주신 성령님

어느 토요일 저녁, 강단에서 기도할 때의 일이었다.
기도로 주일을 준비하면서 나는 주님께 이렇게 기도하였다.

"사랑하는 주님, 저는 죄인 중의 괴수인데 예수님께서 저를 긍휼히 여기사 많은 은혜를 주시고, 여러 가지로 많이 훈련시켜 주시고, 또 저에 대하여 오래 참아주시고, 인내해주셨습니다. 그래서 주님의 크신 은혜로 오늘 이 자리에 제가 있게 되었습니다. 주님의 크신 은혜를 감사드립니다. 예수님께 저의 생명, 저의 일생을 드립니다. 제가 남은 일생을 통하여 마음껏 주님의 일을 하며 많은 영혼들을 주님께 인도하고 성도들로 하여금 주님의 오심을 준비시키도록 해 주세요"

그러자 성령님께서 갑자기 말씀하셨다.
"사랑하는 아들아, 내가 너를 사랑한다. 너는 마지막 시대에 나를 위해 마음껏 일을 하게 될 것이다. 많은 사람들에게 나의 강림에 대하여 말하며 그들을 준비시키게 될 것이다. 아들아, 강하고 담대하라! 아들아, 유1:14-15을 보거라"
그래서 나는 얼른 성경을 펴보았다.

유1:14 아담의 칠대 손 에녹이 이 사람들에 대하여도 예언하여 이르되 보라 주께서 그 수만의 거룩한 자와 함께 임하셨나니

유1:15 이는 뭇 사람을 심판하사 모든 경건하지 않은 자가 경건하지 않게 행한 모든 경건하지 않은 일과 또 경건하지 않은 죄인들이 주를 거슬러 한 모든 완악한 말로 말미암아 그들을 정죄하려 하심이라 하였느니라

그러자 성령님께서 또 말씀하셨다.

"에녹이 주께서 수만의 거룩한 자와 함께 임하는 것을 미리 환상으로 본 것처럼 너도 내가 영광 가운데 공중에 강림하는 환상을 보게 될 것이다. 네가 성도들에게 영적으로 깨어서 나의 강림을 준비하라고 외칠 때 네 말을 믿고 철저히 회개하면서 영적으로 깨어 나의 강림을 준비한 성도들은 너와 함께 휴거되어 공중에서 나를 맞이하게 될 것이다.

(성령님께서 이렇게 말씀하실 때 주님께서 공중에 강림하시자 나와 함께 많은 사람들이 공중으로 휴거되는 환상이 보였다)

아들아, 강하고 담대하라!

내가 너를 통하여 기사와 표적이 나타나게 함으로써 내가 너와 함께 하고 있음을 보여줄 것이다.

너는, 에녹처럼, 내가 수많은 거룩한 자들과 함께 임하는 것을 환상으로 보게 될 것이다.

내가 너로 하여금 영적으로 더 깊은 것들을 보게 할 것이다. 너를 결코 대 환란에 남겨두지 않을 것이다.

그것이 내가 너를 사랑하는 증거니라. 아들아, 강하고 담대하라!"

주님께서는 내가 홀로 강단에서 기도할 때 유다서 말씀을 통해서 에녹이 주님이 천사들과 함께 심판하기 위해서 오심을 예언하며 주님과 동행하는 삶을 살다가 죽음을 맛보지 않고 산 채로 들림받음으로써 휴거의 예표가 된 것처럼, 내가 에녹처럼 주님께서 강림하심을 볼 것이며, 에녹처럼 주님의 강림하심을 외치다가, 에녹처럼 죽음을 맛보지 않고 산 채로 들림받을 것이라고 말씀하셨다.

사랑하는 여러분들이여, 나의 말을 믿으시고, 모든 죄를 철저히 회개하며 영적으로 깨어서 예수님께서 이제 곧 공중에 강림하심을 준비하기 바란다.

예수님의 강림을 준비하는 방법은,

첫째도 거룩이요,

둘째도 거룩이요,

셋째도 거룩이다.

내 자신이 지은 모든 죄들을 온전히 회개하고 거룩하고 정결한 심령으로 사랑하는 주님의 오심을 사모하며 날마다 깨어있으라. 그런 여러분들에게 주님께서는 어느 순간 신부 예복을 입혀주시고, 예수님께서 공중에 강림하셨을 때 휴거의 영광에 참여하게 하실 줄 믿는다. 할렐루야!

벧후3:10 "그러나 주의 날이 도둑 같이 오리니 그 날에는 하늘이 큰 소리로 떠나가고 물질이 뜨거운 불에 풀어지고 땅과 그 중에 있는 모든 일이 드러나리로다"

벧후3:10 "이 모든 것이 이렇게 풀어지리니 너희가 어떠한 사람이 되어야 마땅하냐 거룩한 행실과 경건함으로"

벧후3:12 "하나님의 날이 임하기를 바라보고 간절히 사모하라 그 날에 하늘이 불에 타서 풀어지고 물질이 뜨거운 불에 녹아지려니와"

벧후3:13 "우리는 그의 약속대로 의가 있는 곳인 새 하늘과 새 땅을 바라보도다"

벧후3:14 "그러므로 사랑하는 자들아 너희가 이것을 바라보나니 주 앞에서 점도 없고 흠도 없이 평강 가운데서 나타나기를 힘쓰라"

마라나타(Maranatha), 아멘 주 예수여 어서 오시옵소서!

17. '황충 재앙' 후에 나타날 일들

어느 날 기도할 때 제가 성령님께 물었습니다.

"성령님, 요한 계시록을 가르치는 사람들이 많은데, 가르치는 사람들마다 해석이 다르고, 가르치는 사람들마다 자기 나름대로 이론적 근거를 토대로 자신의 해석이 옳다고 주장하는데, 누구의 해석을 따라야 할까요?"

그러자 성령님께서 이렇게 말씀하셨습니다.

"서사라 목사의 계시록 해석을 '기본 교과서'로 하고, 다른 사람들의 해석은 '참고'하라"

그래서 저는 서사라 목사님이 쓴 『계시록 이해』라는 책이, 인간 서사라 목사님이 자신의 생각과 지식으로 쓴 책이 아니라, 예수님께서 서사라 목사님에게 깨닫게 하셔서 쓰게 하신 책으로 믿고, 『계시록 이해』를 요한 계시록 해석의 '기본 교과서'로 믿고 있으며, 『계시록 이해』라는 책을 보고 요약해서 〈요한 계시록 도표〉를 만들었고, 이 책에 나오는 요한 계시록의 내용들이 대부분 『계시록 이해』라는 책을 근거로 썼음을 밝힙니다.

그리고 이 장(章)에서 말하는 〈'황충 재앙' 후에 나타날 일들〉도 『계시록 이해』라는 책에서 말하는 내용을 따르고 있습니다.

이 책을 읽는 분들도 저와 같이 서사라 목사님이 쓴 『계시록 이해』라는 책을 요한 계시록 해석의 '기본 교과서'로 삼고, 다른 분들이 쓴 요한 계시록의 해석은 '참고'로 하면 예수님의 오심을 준비하는데 큰 도움이 될 줄 믿습니다.

'황충 재앙'은 '다섯 번째 나팔'이 불렸을 때 나타나는 재앙입니다.

그러므로 '황충 재앙' 후에 나타날 일들 중 가장 먼저 나타나는 것은 '여섯 번째 나팔 재앙'입니다.

1) 여섯 번째 나팔 재앙(세계 제3차 대전)

여섯 번째 나팔 재앙은 세계전쟁으로 인하여 한날, 한시에 세계 인구의 1/3이 죽는 재앙입니다.

계9:13 여섯째 천사가 나팔을 불매 내가 들으니 하나님 앞 금 제단 네 뿔에서 한 음성이 나서

계9:14 나팔 가진 여섯째 천사에게 말하기를 큰 강 유브라데에 결박한 네 천사를 놓아 주라 하매

계9:15 네 천사가 놓였으니 그들은 그 년 월 일 시에 이르러 사람 삼분의 일을 죽이기로 준비된 자들이더라

150일 동안의 지옥 같은 황충 재앙이 끝나서 한숨을 돌릴까 했는데, 이번에는 세계전쟁이 일어나서 한날, 한시에 전 세계 인구의 1/3이 죽습니다. 한날, 한시에 지구에 살고 있는 인구의 1/3이 죽으려면 핵전쟁밖에 없습니다. 그래서 저는 세계 3차 대전은 핵전쟁이며 그 결과로 온 인류의 1/3이 죽는다고 생각합니다. 현재 지구 인구가 81억명이라면 27억명이 전쟁으로 죽고 맙니다. 한날 한시에 27억명이 죽고나면 54억 명이 남게 되는데, 온 세상은 폐허가 되어 있을 것이고, 이때 적그리스도가 '세계 평화'를 외치며 자연스럽게 등장하고, 많은 사람들과 더불어 '7년 평화 조약'을 체결할 것으로 봅니다.

단9:27 그가 장차 많은 사람들과 더불어 한 이레 동안의 언약을 굳게 맺고 그가 그 이레의 절반에 제사와 예물을 금지할 것이며 또 포악하여 가증한 것이 날개를 의지하여 설 것이며 또 이미 정한 종말까지 진노가 황폐하게 하는 자에게 쏟아지리라 하였느니라 하니라

2) 적그리스도의 등장과 7년 평화 조약, 이스라엘 제3성전 건축

세계 3차 대전과 25억명의 죽음으로 인하여 세계가 어수선할 때, 적그리스도는 세계의 평화주의자로 출현하여 많은 사람들과 더불어 '7년 평화 조약'을 체결하고, 이스라엘이 '제 3성전'을 지

을 수 있게 해주며 구약의 제사들을 드릴 수 있도록 해주자, 이스라엘은 그를 '메시야'로 인정하고 받아들입니다.

그러므로 누가 많은 사람들과 더불어 7년의 언약을 맺는지 잘 살펴봐야 합니다. 왜냐하면 그가 바로 '적그리스도'이기 때문입니다(적그리스도=7년 평화 조약을 맺는 사람).

단9:27 그가 장차 많은 사람들과 더불어 한 이레 동안의 언약을 굳게 맺고 그가 그 이레의 절반에 제사와 예물을 금지할 것이며 또 포악하여 가증한 것이 날개를 의지하여 설 것이며 또 이미 정한 종말까지 진노가 황폐하게 하는 자에게 쏟아지리라 하였느니라 하니라

3) 두 증인의 출현과 활동(전 3년 반동안)

적그리스도가 메시야로 가장하여 나타나서 '7년 평화 조약'을 맺는 그때, 하나님께서는 두 증인을 보내주시는데, 두 증인은 1,260일(=3년 반=7년 평화 조약의 '전 3년 반') 동안 활동하면서 예수님의 '공중 강림' 전에 마지막으로 회개를 촉구하게 합니다.

계11:1 또 내게 지팡이 같은 갈대를 주며 말하기를 일어나서 하나님의 성전과 제단과 그 안에서 경배하는 자들을 측량하되

계11:2 성전 바깥 마당은 측량하지 말고 그냥 두라 이것은 이방인에게 주었은

즉 그들이 거룩한 성을 마흔두 달 동안 짓밟으리라

계11:3 내가 나의 두 증인에게 권세를 주리니 그들이 굵은 베옷을 입고 천이백육십 일을 예언하리라

계11:4 그들은 이 땅의 주 앞에 서 있는 두 감람나무와 두 촛대니

4) 두 증인의 죽음

계11:7 그들이 그 증언을 마칠 때에 무저갱으로부터 올라오는 짐승이 그들과 더불어 전쟁을 일으켜 그들을 이기고 그들을 죽일 터인즉

5) 두 증인이 살아남

계11:11 삼 일 반 후에 하나님께로부터 생기가 그들 속에 들어가매 그들이 발로 일어서니 구경하는 자들이 크게 두려워하더라

6) 두 증인이 구름을 타고 올라감

계11:12 하늘로부터 큰 음성이 있어 이리로 올라오라 함을 그들이 듣고 구름을 타고 하늘로 올라가니 그들의 원수들도 구경하더라

　　서사라 목사님이 천국에 갔을 때 예수님께서 "요한 계시록에

서 '휴거'는 감춰져 있다."라고 말씀하셨답니다. 그래서 그런지 요한 계시록을 연구하는 분들이 혼돈에 빠집니다. 분명히 예수님의 '공중 강림'과 성도들의 '휴거'는 있는데(살전4:16-17), 어느 시점에서 예수님께서 '공중 강림'하시고, 성도들의 '휴거'가 있는지 도무지 알 수 없습니다. 그래서 자신이 연구한 대로 주장하다 보니 많은 목회자들과 성도들이 혼돈에 빠지게 됩니다.

그런데 요한 계시록에서 예수님의 '공중 강림'을 암시하는 말씀이 있습니다.

계3:7 빌라델비아 교회의 사자에게 편지하라 거룩하고 진실하사 다윗의 열쇠를 가지신 이 곧 열면 닫을 사람이 없고 닫으면 열 사람이 없는 그가 이르시되
계3:10 네가 나의 인내의 말씀을 지켰은즉 내가 또한 너를 지켜 시험의 때를 면하게 하리니 이는 장차 온 세상에 임하여 땅에 거하는 자들을 시험할 때라

계3:7-13 말씀은 빌라델비아 교회의 사자에게 주시는 말씀인데, "네가 나의 인내의 말씀을 지켰은즉 내가 또한 너를 지켜 〈시험의 때〉를 면하게 하리니 이는 장차 온 세상에 임하여 땅에 거하는 자들을 시험할 때라"는 말씀에 힌트가 있습니다.

'장차 온 세상에 임하여 땅에 거하는 자들을 시험할 때'란 적그리스도가 다스리면서 땅에 있는 모든 사람들로 하여금 '666표'

를 받게 만들어서 이 '666표'를 안 받으면 매매를 못하게 하는 때입니다(계13:16;18).

이 '666표'가 '땅에 거하는 모든 자들을 시험하는 시험의 표'인데, 예수님께서는 빌라델피아 교회 성도들에게 '이 시험을 면하게 해주겠다'고 말씀하셨으므로 적그리스도가 이렇게 돌변하기 전에 성도들이 '휴거'해야 이 시험을 면제받을 수 있는 것인데, 이 시점이 적그리스도가 7년 평화 조약을 맺은 '절반의 시점', 즉 7년 평화 조약의 '전 3년 반'이 지난 시점(혹은 7년 평화 조약의 '후 3년 반'이 시작되기 직전)이므로, 예수님의 '공중 강림'과 성도들의 휴거 사건은 일곱째 나팔이 불리기 직전, 다시 말씀드리면 적그리스도의 '전 3년 반'이 지난 시점에 예수님의 '공중 강림'과 성도들의 '휴거'가 있게 되는 것입니다.

7) 일곱 번째 나팔 재앙(대 환난의 시작)

계11:15 일곱째 천사가 나팔을 불매 하늘에 큰 음성들이 나서 이르되 세상 나라가 우리 주와 그의 그리스도의 나라가 되어 그가 세세토록 왕 노릇 하시리로다 하니

'7년 평화 조약'의 '전 3년 반'에 적그리스도는 이스라엘과 우호적인 관계였는데, '전 3년 반'이 지난 시점에 '일곱째 천사'가 나팔

을 불면서 '대 환난'이 시작되는데 '대 환난' 기간 동안에는 다음과 같은 일들이 있게 됩니다.

① 적그리스도가 이스라엘을 핍박하기 시작합니다.

계12:1 하늘에 큰 이적이 보이니 해를 옷 입은 한 여자(**이스라엘**)가 있는데 그 발 아래에는 달이 있고 그 머리에는 열두 별의 관을 썼더라

계12:2 이 여자가 아이를 배어 해산하게 되매 아파서 애를 쓰며 부르짖더라

계12:3 하늘에 또 다른 이적이 보이니 보라 한 큰 붉은 용이 있어 머리가 일곱이요 뿔이 열이라 그 여러 머리에 일곱 왕관이 있는데

계12:4 그 꼬리가 하늘의 별 삼분의 일을 끌어다가 땅에 던지더라 용이 해산하려는 여자 앞에서 그가 해산하면 그 아이를 삼키고자 하더니

계12:5 여자(**좁은 의미에서 보면 마리아, 큰 의미에서 보면 이스라엘**)가 아들(**예수 그리스도**)을 낳으니 이는 장차 철장으로 만국을 다스릴 남자라 그 아이를 하나님 앞과 그 보좌 앞으로 올려가더라

② 이스라엘이 적그리스도의 핍박을 피해서 광야로 도망가게 되는데, '후 3년 반' 동안(=1,260일=**한 때와 두 때와 반 때**) 하나님의 보호하심을 받습니다.

계12:6 그 여자가 광야로 도망하매 거기서 천이백육십 일 동안 그를 양육하기 위하여 하나님께서 예비하신 곳이 있더라

계12:14 그 여자가 큰 독수리의 두 날개를 받아 광야 자기 곳으로 날아가 거기서 그 뱀의 낯을 피하여 한 때와 두 때와 반 때(**7년 평화 조약의 '후 3년 반'**)를 양육 받으매

③ '대 환난(**7년 평화 조약의 '후 3년 반'**)'이 시작되면서 '적그리스도'는 모든 사람들로 하여금 '666표(**베리칩**)'를 받게 만드는데, 이 표를 받지 않으면 매매를 못하게 합니다.

계13:16 그가 모든 자 곧 작은 자나 큰 자나 부자나 가난한 자나 자유인이나 종들에게 그 오른손에나 '이마'에 표를 받게 하고

계 13:17 누구든지 이 표를 가진 자 외에는 매매를 못하게 하니 이 표는 곧 짐승의 이름이나 그 이름의 수라

계 13:18 지혜가 여기 있으니 총명한 자는 그 짐승의 수를 세어 보라 그것은 사람의 수니 그의 수는 육백육십육이니라

④ '적그리스도'가 다스리는 '대 환난(**7년 평화 조약의 '후 3년 반'**)'의 때에 666표(**베리칩**)를 받는 사람들은 모두 불과 유황으로 타는 못인 지옥에 가게 됩니다.

계 14:9 또 다른 천사 곧 세째가 그 뒤를 따라 큰 음성으로 가로되 만일 누구든지 짐승과 그의 우상에게 경배하고 이마에나 손에 표를 받으면

계 14:10 그도 하나님의 진노의 포도주를 마시리니 그 진노의 잔에 섞인 것이 없이 부은 포도주라 거룩한 천사들 앞과 어린 양 앞에서 불과 유황으로 고난을 받으리니

계 14:11 그 고난의 연기가 세세토록 올라가리로다 짐승과 그의 우상에게 경배하고 그 이름의 표를 받는 자는 누구든지 밤낮 쉼을 얻지 못하리라 하더라

천국과 지옥에 다녀온 어떤 목사님이 이렇게 말씀하시는 것을 들었습니다.

세계 인구 수는 81억명이고, 그 가운데 예수님을 믿는 인구는 10억명이므로 71억명은 지옥에 갑니다. 그런데 예수님을 믿는 10억명 가운데 '신부 예복' 입고 있다가 휴거 되는 신부들의 수는 약 1천만 명(기독교인의 1%)쯤 될 것인데, 예수님을 믿는 대부분의 성도들인 9억 9천만 명이 적그리스도가 다스리는 '대 환난'에 들어가게 되는데, '대 환난' 때 '이마'에 '하나님의 인'을 받은 9천만 명은 '죽으면 죽으리라'는 심정으로 666표를 거절하지만 대부분의 성도들 9억명은 '666표'를 받아서 성경 말씀대로 '불과 유황이 타는 못인 지옥'에 가게 될 것이랍니다.

계14:9 또 다른 천사 곧 셋째가 그 뒤를 따라 큰 음성으로 이르되 만일 누구든지 짐승과 그의 우상에게 경배하고 '이마'에나 손에 표를 받으면

계14:10 그도 하나님의 진노의 포도주를 마시리니 그 진노의 잔에 섞인 것이 없이 부은 포도주라 거룩한 천사들 앞과 어린 양 앞에서 불과 유황으로 고난을 받으리니

계14:11 그 고난의 연기가 세세토록 올라가리로다 짐승과 그의 우상에게 경배하고 그의 이름 표를 받는 자는 누구든지 밤낮 쉼을 얻지 못하리라 하더라

저는 그 말을 듣고 충격을 받았습니다. 세계 인구의 81억 명 가운데 예수님을 믿지 않는 71억 명이 지옥에 가다니....

제가 첫 번째 뇌출혈로 인해 병원에 입원하여 치료를 받던 중 두 번째 뇌출혈로 '지옥에 간 것과 같은 고통'을 3일 밤낮 겪었는데 그 고통 가운데 '사람들이 절대로 지옥 가지 않도록 전도해야겠다'고 얼마나 다짐했는지 모릅니다. 그런데 71억 명이 예수님을 안 믿어서 지옥에 가는 것에 더해서 예수님을 믿는 성도들 10억 명 가운데 '대 환난' 때 9억 명이 먹고 살기 위해서 '666표(베리칩)'를 받고 지옥에 가다니.... 너무나 끔찍한 일이라고 여겨졌습니다.

그런데 '이마'에 '하나님의 인침'을 받은 성도들은 대 환난 때 하나님의 보호를 받아서 666표를 안 받게 되니, '어떻게 해서든지

한 명이라도 더 황충 재앙에서 보호받고, 대 환난 때, 666표를 거절하여, 이긴 자가 되도록 황충 재앙의 고통과 '하나님의 인'에 대하여 반드시 전해야겠다'라고 생각하며 이 책을 썼습니다.

사랑하는 여러분들이여, 여러분들이 곧 다가오는 '황충 재앙'에서 보호 받고, 대 환난 때, 666표를 거절하여, 이긴 자가 되려면 철저히 회개하고, 예수님을 위하여 순교할 수 있는 믿음을 갖추어서 반드시 '이마'에 '하나님의 인침'을 받고 '이기는 자' 반열에 들 수 있기 바랍니다.

8) 예수님의 추수

예수님께서는 영혼 구원의 역사를 농사에 비유하여 말씀하셨습니다.

마 3:12 손에 키를 들고 자기의 타작 마당을 정하게 하사 알곡은 모아 곳간에 들이고 쭉정이는 꺼지지 않는 불에 태우시리라

예수님은 언제 타작 마당을 정하셔서 알곡은 모아 곳간에 들이실까요? 이것과 관련된 말씀이 있는 곳이 바로 계14:14-16 말씀입니다.

계4:14 또 내가 보니 흰 구름이 있고 구름 위에 인자와 같은 이가 앉으셨는데 그 머리에는 금 면류관이 있고 그 손에는 예리한 낫을 가졌더라

계14:15 또 다른 천사가 성전으로부터 나와 구름 위에 앉은 이를 향하여 큰 음성으로 외쳐 이르되 당신의 낫을 휘둘러 거두소서 땅의 곡식이 다 익어 거둘 때가 이르렀음이니이다 하니

계14:16 구름 위에 앉으신 이가 낫을 땅에 휘두르매 땅의 곡식이 거두어지니라

예수님께서 타작 마당으로 정하신 때는, 적그리스도가 모든 사람들로 하여금 '666표'를 받게 하는 '후 3년 반'이 지난 때이며, 목숨 걸고 '666표'를 거절한 성도들을 추수하셔서(두 번째로 휴거시키셔서) 하나님의 보좌 앞에 오게 하십니다.

이때 하나님의 보좌 앞에 끌어올려진(휴거된) 자들의 숫자는, 이스라엘 성도들 가운데 '이마'에 '하나님의 인침'을 받고 광야에서 3년 반 동안 보호 받은 144,000명이고, 이방인들 가운데서는 역시 '이마'에 '하나님의 인침'을 받고 666표를 거절한 '큰 무리'입니다.

계7:4 내가 인침을 받은 자의 수를 들으니 이스라엘 자손의 각 지파 중에서 인침을 받은 자들이 십사만 사천이니

계7:9 이 일 후에 내가 보니 각 나라와 족속과 백성과 방언에서 아무도 능히 셀 수 없는 큰 무리가 나와 흰 옷을 입고 손에 종려 가지를 들고 보좌 앞과 어린 양 앞에 서서

계7:10 큰 소리로 외쳐 이르되 구원하심이 보좌에 앉으신 우리 하나님과 어린 양에게 있도다 하니

계7:13 장로 중 하나가 응답하여 나에게 이르되 이 흰 옷 입은 자들이 누구며 또 어디서 왔느냐

계7:14 내가 말하기를 내 주여 당신이 아시나이다 하니 그가 나에게 이르되 이는 큰 환난에서 나오는 자들인데 어린 양의 피에 그 옷을 씻어 희게 하였느니라

이들이 '알곡'으로 추수되는 것이며, 손이나 '이마'에 '666표(베리칩)'를 받은 사람들은 '쭉정이'가 되어서 '대접 재앙에 넘겨지게 됩니다.

9) 일곱 대접 재앙

적그리스도가 많은 사람들과 더불어 7년 평화 조약을 맺고 '전 3년 반'이 지난 시점에 두 증인이 죽었다가 살아나서 "이리로 올라오라"는 음성을 듣고 올라갈 때 예수님의 '공중 강림'과 '첫 번째 휴거'가 있고,

적그리스도가 모든 사람들로 하여금 '666표'를 받게 하며 다스리는 '후 3년 반'이 끝나는 시점에, 예수님께서는, '이마'에 '하나님의 인침'을 받아서 '666표'를 거절한 '이스라엘 성도 144,000명'과 이방인 성도 '큰 무리(계7:9-14)'들을 '추수'하셔서 그들을 하나님의 보좌 앞에 오게 하시는데, 그것이 바로 '두 번째' 휴거입니다.

그렇게 되면 이 땅에는 손이나 '이마'에 '666표'를 받은 사람들만 남게 되는데, '666표'를 받은 곳에 '종기'가 있게 하시는 것이 첫째 대접 재앙입니다.

① **첫째 대접 재앙(계16:1-2/독한 종기)**

계16:1 또 내가 들으니 성전에서 큰 음성이 나서 일곱 천사에게 말하되 너희는 가서 하나님의 진노의 일곱 대접을 땅에 쏟으라 하더라
계16:2 첫째 천사가 가서 그 대접을 땅에 쏟으매 짐승의 표를 받은 사람들과 그 우상에게 경배하는 자들에게 악하고 독한 종기가 나더라

요한 계시록은 666표를 받은 사람들에게 독한 종기가 난다고 예언하고 있습니다.

하버드 대학 출신으로 16년 동안 동물 마이크로 칩으로 인한 문제를 추적해 온 캐서린 알브레히트 박사의 논문(Microchip-Induced Tumors in Laboratory Rodents and Dogs: A Review of the Literature

1990~2006)을 보면 동물 등록칩이 그리 확산되지 않았던 1990년부터 2006년 사이의 연구만 살펴봐도 11건의 연구 가운데 8건에서 암이 발견된 것으로 나타났습니다. 쥐의 경우 최대 10.2% 발생률을 보였고 개의 경우도 칩을 장착한 지 7개월(프렌치 블독), 18개월(혼종) 이후 암이 발생한 것으로 드러났습니다.(2012.05.22. SBS 뉴스)

주로 칩 시술 이후 인체 내 이물질로 인한 세포 변화로 종양이 생기거나 칩의 무선주파수 에너지 때문에 병이 생기는 경우였는데, 우리나라에서도 애견들에게 칩을 이식했을 때 종양, 피부괴사, 뇌손상, 체내 이동 등의 문제들이 나타났습니다(2012.5.16. SBS 뉴스).

그래서 '666표(베리칩)'를 받은 모든 사람들에게서 종기가 나는 것이 첫째 대접 재앙입니다.

② 둘째 대접 재앙(계16:3/바다의 모든 생물 죽음)

계16:3 둘째 천사가 그 대접을 바다에 쏟으매 바다가 곧 죽은 자의 피 같이 되니 바다 가운데 모든 생물이 죽더라

③ 셋째 대접 재앙(계16:4-7/강과 물이 피가 됨)

계16:4 셋째 천사가 그 대접을 강과 물 근원에 쏟으매 피가 되더라

④ 넷째 대접 재앙(계16:8-9/해가 사람들을 태움)

계16:8 넷째 천사가 그 대접을 해에 쏟으매 해가 권세를 받아 불로 사람들을 태우니

계16:9 사람들이 크게 태움에 태워진지라 이 재앙들을 행하는 권세를 가지신 하나님의 이름을 비방하며 또 회개하지 아니하고 주께 영광을 돌리지 아니하더라

⑤ 다섯째 대접 재앙(계16:10-11/종기 고통 가중)

계16:10 또 다섯째 천사가 그 대접을 짐승의 왕좌에 쏟으니 그 나라가 곧 어두워지며 사람들이 아파서 자기 혀를 깨물고

계16:11 아픈 것과 종기로 말미암아 하늘의 하나님을 비방하고 그들의 행위를 회개하지 아니하더라

⑥ 여섯째 대접 재앙(계16:12-16/아마겟돈 전쟁 준비)

계16:12 또 여섯째 천사가 그 대접을 큰 강 유브라데에 쏟으매 강물이 말라서 동방에서 오는 왕들의 길이 예비되었더라

계16:13 또 내가 보매 개구리 같은 세 더러운 영이 용의 입과 짐승의 입과 거짓 선지자의 입에서 나오니

계16:14 그들은 귀신의 영이라 이적을 행하여 온 천하 왕들에게 가서 하나님 곧 전능하신 이의 큰 날에 있을 전쟁을 위하여 그들을 모으더라

계16:15 보라 내가 도둑 같이 오리니 누구든지 깨어 자기 옷을 지켜 벌거벗고 다니지 아니하며 자기의 부끄러움을 보이지 아니하는 자는 복이 있도다

계16:16 세 영이 히브리어로 아마겟돈이라 하는 곳으로 왕들을 모으더라

⑦ **일곱째 대접 재앙(그리스도 지상 재림+아마겟돈 전쟁)**

a. 그리스도 지상 재림(계19:11-14)

계19:11 또 내가 하늘이 열린 것을 보니 보라 백마와 그것을 탄 자가 있으니 그 이름은 충신과 진실이라 그가 공의로 심판하며 싸우더라

계19:12 그 눈은 불꽃 같고 그 머리에는 많은 관들이 있고 또 이름 쓴 것 하나가 있으니 자기밖에 아는 자가 없고

계19:13 또 그가 피 뿌린 옷을 입었는데 그 이름은 하나님의 말씀이라 칭하더라

계19:14 하늘에 있는 군대들이 희고 깨끗한 세마포 옷을 입고 백마를 타고 그를 따르더라

　　예수님의 초림이 우리들을 구원하시기 위함이라면, 예수님께서 이 땅에 재림하시는 이유는 심판하시기 위함입니다. 예수님께서 재림하실 때 지상에 있는 모든 사람들은 모두가 '666표(베리칩)'를 받은 사람들로서, 모두가 불과 유황으로 타는 '지옥'에 가

게 될 사람들입니다.

계14:9 또 다른 천사 곧 셋째가 그 뒤를 따라 큰 음성으로 이르되 만일 누구든지 짐승과 그의 우상에게 경배하고 '이마'에나 손에 표를 받으면

계14:10 그도 하나님의 진노의 포도주를 마시리니 그 진노의 잔에 섞인 것이 없이 부은 포도주라 거룩한 천사들 앞과 어린 양 앞에서 불과 유황으로 고난을 받으리니

그렇다면 지상에 있는 사람들 가운데 예수님의 재림을 기다리는 사람들이 있을까요? 단언하건대 '한 명'도 없습니다. 심판의 주로 오셔서 '666표' 받은 자신들을 지옥에 보내기 위하여 심판하러 오시는 예수님을 누가 기다리겠습니까?

그런데 한국의 수많은 목회자들과 성도들은 '예수님의 재림을 기다린다'라고 말하고, 찬양하고, 고백합니다. 이런 고백을 대단한 믿음으로 여기기도 합니다.

예수님의 '재림'을 기다린다는 말은 자신이 '666표'를 받고, '666표' 받은 자기 자신을 불과 유황으로 타는 못(지옥)에 던지러 오시는 예수님의 재림을 기다린다는 의미입니다. 세상에 이런 저주가 어디 있습니까?

이것은 예수님의 '공중 강림'과 '지상 재림'을 구분하지 못하는

'영적 무지'에서 온 것입니다. 절대로 예수님의 '재림'을 기다리거나 준비하면 안 됩니다!!! 예수님의 '공중 강림'을 기다리며 준비해야 합니다. 그래야 예수님께서 '공중 강림'하실 때 '신부로 들림 받게(휴거)' 되는 것입니다. 예수님의 재림을 맞이하는 사람들은 모두가 지옥에 가야 하기 때문에, '신부 예복'을 입고 예수님의 '공중 강림'을 사모하며 준비하고 있다가 예수님께서 '공중 강림'하실 때 '신부'로 들림 받아서 첫 번째 휴거에 참여하든가, 아니면 '이마'에 '하나님의 인침'을 받고 대 환난을 통과하면서 목숨 걸고 '666표'를 거절하여 순교하든가, 아니면 대 환난 끝('후 3년 반' 끝)에 '알곡'으로 추수되어 두 번째 휴거에 참여하든가 둘 중 하나에 속해야지, 절대로 예수님의 재림을 기다리면 안 되고, 예수님의 재림을 기다린다고 말해서도 안 됩니다!

b. 아마겟돈 전쟁(계19:15-21)

계19:15 그의 입에서 예리한 검이 나오니 그것으로 만국을 치겠고 친히 그들을 철장으로 다스리며 또 친히 하나님 곧 전능하신 이의 맹렬한 진노의 포도주 틀을 밟겠고

계19:16 그 옷과 그 다리에 이름을 쓴 것이 있으니 만왕의 왕이요 만주의 주라 하였더라

계19:17 또 내가 보니 한 천사가 태양 안에 서서 공중에 나는 모든 새를 향하

여 큰 음성으로 외쳐 이르되 와서 하나님의 큰 잔치에 모여

계19:18 왕들의 살과 장군들의 살과 장사들의 살과 말들과 그것을 탄 자들의 살과 자유인들이나 종들이나 작은 자나 큰 자나 모든 자의 살을 먹으라 하더라

계19:19 또 내가 보매 그 짐승과 땅의 임금들과 그들의 군대들이 모여 그 말 탄 자와 그의 군대와 더불어 전쟁을 일으키다가

10) 적그리스도와 거짓 선지자를 산 채로 유황불에 던지심 (계19:20)

계19:20 짐승이 잡히고 그 앞에서 표적을 행하던 거짓 선지자도 함께 잡혔으니 이는 짐승의 표를 받고 그의 우상에게 경배하던 자들을 표적으로 미혹하던 자라 이 둘이 산 채로 유황불 붙는 못에 던져지고

11) 사탄을 무저갱에 보내심(계20:1-3)

계20:1 또 내가 보매 천사가 무저갱의 열쇠와 큰 쇠사슬을 그의 손에 가지고 하늘로부터 내려와서

계20:2 용을 잡으니 곧 옛 뱀이요 마귀요 사탄이라 잡아서 천 년 동안 결박하여

계20:3 무저갱에 던져 넣어 잠그고 그 위에 인봉하여 천 년이 차도록 다시는 만국을 미혹하지 못하게 하였는데 그 후에는 반드시 잠깐 놓이리라

12) 천년왕국 (첫째 부활/계20:4-6)

계20:4 또 내가 보좌들을 보니 거기에 앉은 자들이 있어 심판하는 권세를 받았더라 또 내가 보니 예수를 증언함과 하나님의 말씀 때문에 목 베임을 당한 자들의 영혼들과 또 짐승과 그의 우상에게 경배하지 아니하고 그들의 '이마'와 손에 그의 표를 받지 아니한 자들이 살아서 그리스도와 더불어 천 년 동안 왕 노릇 하니

계20:5 (그 나머지 죽은 자들은 그 천 년이 차기까지 살지 못하더라) 이는 첫째 부활이라

계20:6 이 첫째 부활에 참여하는 자들은 복이 있고 거룩하도다 둘째 사망이 그들을 다스리는 권세가 없고 도리어 그들이 하나님과 그리스도의 제사장이 되어 천 년 동안 그리스도와 더불어 왕 노릇 하리라

신랑이신 예수님과 신부 된 성도들의 혼인 잔치는 언제 있게 될까요?

계19:7에서 '어린 양의 혼인 기약이 이르렀다'라고 말하고 있습니다. 그러므로 계19:7 말씀이 있을 때까지도 혼인 잔치를 하지 않은 것입니다.

계19:7 우리가 즐거워하고 크게 기뻐하며 그에게 영광을 돌리세 어린 양의 혼인 기약이 이르렀고 그의 아내가 자신을 준비하였으므로

그래서 계19:9 말씀에서 '어린 양의 혼인 잔치에 청함을 받은 자들은 복이 있도다'라고 말하고 있는 것입니다.

계19:9 천사가 내게 말하기를 기록하라 어린 양의 혼인 잔치에 청함을 받은 자들은 복이 있도다 하고 또 내게 말하되 이것은 하나님의 참되신 말씀이라 하기로

그러므로 혼인 잔치는 계19:9 말씀 이후에 있을 것입니다. 그런데 예수님께서 계19:11-14 말씀에서 재림하셔서 아마겟돈 전쟁을 하신 후(계19:19) 승리하시고, 적그리스도와 거짓 선지자를 산 채로 유황불에 던지시고(계19:20), 사탄을 무저갱에 보내신 후에(계20:1-3), 천년왕국에 들어가시므로 신랑이신 예수님과 신부 된 성도들의 혼인 잔치는 천년왕국에서 있게 될 것입니다.
할렐루야!

18. 우리는 '여섯째 인'이 떼어진 시대를 지나서 '일곱째 인'까지 떼어진 시대에 살고 있습니다.

부족한 종이 주님의 명령을 따라서 지난 2022년에 「주님 오시리 곧 오시리」라는 책을 쓸 때, 성령님께서는 "지금은 이미 '여섯째 인'이 떼어진 시대다"라고 말씀하셨었는데, 2024년에 역시 주님의 명령을 따라서 「예수님의 보혈의 능력」이라는 책을 쓸 때, 성령님께서는 "지금은 이미 '일곱째 인'이 떼어진 때이다(계8:1)."라고 말씀하시면서 "지금이 반시 동안이며(계8:1), 곧 나팔 재앙이 시작될 것이니, 나팔 재앙이 왔을 때 믿음으로 승리할 수 있도록 성도들이 기도를 많이 해야 한다(계8:3-4)."라고 말씀하셨습니다.

계8:1 일곱째 인을 떼실 때에 하늘이 반 시간쯤 고요하더니

계8:2 내가 보매 하나님 앞에 일곱 천사가 서 있어 일곱 나팔을 받았더라

계8:3 또 다른 천사가 와서 제단 곁에 서서 금 향로를 가지고 많은 향을 받았으니 이는 모든 성도의 기도와 합하여 보좌 앞 금 제단에 드리고자 함이라

계8:4 향연이 성도의 기도와 함께 천사의 손으로부터 하나님 앞으로 올라가는지라

어떤 분들은 첫째 인이 떼어졌을 때 나타난 흰 말 탄 자를 '예수 그리스도'로 생각하고, 첫째 인이 떼어졌을 때 예수님의 '공중 강림'과 성도들의 '휴거', 그리고 이땅에서 '7년 대 환난'이 시작된다고 믿고 있고, 가르치기도 합니다. 아닙니다!

예수 그리스도께서 분명히 이기신 분이 맞고, 면류관을 받으신 분은 맞지만, 이미 승리하셨기 때문에, 이기고 또 이기려고 하시는 분은 아니기 때문입니다.

계6:1 내가 보매 어린 양이 일곱 인 중의 하나를 떼시는데 그 때에 내가 들으니 네 생물 중의 하나가 우렛소리 같이 말하되 오라 하기로

계6:2 이에 내가 보니 흰 말이 있는데 그 탄 자가 활을 가졌고 면류관을 받고 나아가서 이기고 또 이기려고 하더라

어떤 분들은 첫째 인이 떼어졌을 때 나타난 흰 말 탄 자를 '적그리스도'로 생각하고, 첫째 인이 떼어졌을 때부터 '7년 대 환난'이 시작된다고 믿고 있고, 가르치기도 합니다. 그것도 아닙니다!

첫째 인뿐만 아니라, 둘째 인, 셋째 인, 넷째 인이 떼어졌을 때도 '말 탄 자들'이 나오는데, 그렇다면 둘째 인, 셋째 인, 넷째 인이 떼어졌을 때 나타나는 존재들은 누구라는 말입니까? 그들도 '적그리스도'일까요?

'말 탄 자들' 모두에 대한 설명에 일관성이 있어야 합니다. 그런데 첫째 인을 떼었을 때 나타나신 분을 '예수 그리스도'라고 하거나 '적그리스도'라고 말한 뒤, 둘째 인, 셋째 인, 넷째 인이 떼어졌을 때 나타나는 존재를 '천사장'이라고 말하면 성경의 '일관성'에서 벗어나게 됩니다.

첫째 인뿐만 아니라, 둘째 인, 셋째 인, 넷째 인이 떼어졌을 때 나타난 '말 탄 자들'은 모두가 '천사장들'이며, 심지어 여섯째 인이 떼어졌을 때, 천재지변이 있은(계6:12-17) 후에 나타나는 또 다른 천사(계7:2)까지 모두가 하나님의 일을 수행하기 위하여 지구로 보내진 '천사장들'입니다.

계6:12 내가 보니 여섯째 인을 떼실 때에 큰 지진이 나며 해가 검은 털로 짠 상복 같이 검어지고 달은 온통 피 같이 되며

계6:13 하늘의 별들이 무화과나무가 대풍에 흔들려 설익은 열매가 떨어지는 것 같이 땅에 떨어지며

계6:14 하늘은 두루마리가 말리는 것 같이 떠나가고 각 산과 섬이 제 자리에서 옮겨지매

계7:2 또 보매 다른 천사가 살아 계신 '하나님의 인'을 가지고 해 돋는 데로부터 올라와서 땅과 바다를 해롭게 할 권세를 받은 네 천사를 향하여 큰 소리로 외쳐

계7:3 이르되 우리가 우리 하나님의 종들의 '이마'에 인치기까지 땅이나 바다나 나무들을 해하지 말라 하더라

그렇다면 첫째 인이 떼어졌을 때 나타난 '흰 말 탄 천사장'은 무슨 일을 하는 천사장인가요? 이 부분이 계시록 해석에 있어서 가장 어려운 곳 중 하나입니다. 그래서 계시록을 강의하는 분들의 해석이 각자 다른 것입니다.

성령님께서는 제게 "첫째 인이 떼어졌을 때 나타난 '흰 말 탄 자'는 '천사장'으로서, 그에게 배속된 천사들(모든 천사장들에게는 각자에게 맡겨진 사명을 감당하도록 배속된 천사들이 있습니다)과 함께 전 세계에 다니면서 목회자들과 성도들에게 "예수 그리스도께서 오실 때가 가까왔으니 영적으로 깨어 기도해야 합니다. 철저히 회개하고 '신부 단장'해야 합니다."라고 말하면서 목회자들과 성도들이 영적 전투를 통해서 '이긴 자'가 되도록 돕는 천사장이다. 그래서 목회자들로 하여금 "예수님께서 오실 때가 가까이 왔습니다. 그러므로 회개하며 깨어나 예수님 맞을 준비를 해야 합니다." 라고 외치게 하고, 성도들이 영적으로 깨어서 신부 단장하도록 돕는 것이다"라고 말씀하셨습니다.

그래서 '거룩의 상징'으로서 '흰 말'을 탔고, '영적 전쟁의 상징' 으로서 '활'을 가졌고, 이미 '이긴 자들이 받을 면류관'의 상징으

로서 '이긴 자'들이 받는 '면류관'을 썼으며, 온전히 이긴 자 되도록 '마귀와 싸우고, 죄와 싸우고, 고난과 싸워야 한다는 상징'으로 '이기려고 한다'고 표현하고 있는 것입니다.

계6:1 내가 보매 어린 양이 일곱 인 중의 하나를 떼시는데 그 때에 내가 들으니 네 생물 중의 하나가 우렛소리 같이 말하되 오라 하기로

계6:2 이에 내가 보니 흰 말이 있는데 그 탄 자가 활을 가졌고 면류관을 받고 나아가서 이기고 또 이기려고 하더라

그런데 유의해야 할 것은 인의 재앙이든지, 나팔 재앙이든지, 대접 재앙이든지 모든 재앙들은 그 전에 나타난 재앙들에 새로운 재앙들이 '더해진다'라는 것입니다.

'첫째 인'이 떼어졌을 때 나타난 '흰 말 탄 천사장'은, 둘째 인이 떼어지게 되면 사라지는 것이 아니라, '첫째 인'이 떼어진 이후로 계속해서 전 세계에 다니면서 일하고 있다는 것입니다.

'둘째 인'이 떼어졌을 때 나타난 '붉은 말 탄 천사장'은 땅에서 화평을 제하여 버리며, 서로 죽이게 하고, 또 큰 칼(전쟁의 상징)을 통해서 사람들이 서로 죽이게 하는 사명을 받은 천사장인데, 셋째 인이 떼어지게 되면 사라지는 것이 아니라, '둘째 인'이 떼어진 이후로 계속해서 전 세계에 다니면서 일하는 것입니다.

'셋째 인'이 떼어졌을 때 나타난 '검은 말 탄 천사장'은 지구에 흉년의 재앙('한 데나리온에 밀 한 되요 한 데나리온에 보리 석 되')이 있게 하는 사명을 받은 천사장인데, 넷째 인이 떼어지게 되면 사라지는 것이 아니라, '셋째 인'이 떼어진 이후로 계속해서 전 세계에 다니면서 일하는 것입니다.

마찬가지로 '넷째 인'이 떼어졌을 때 나타난 '청황색 말 탄 천사장'은 사람들로 하여금 죽음에 이르게 하는 사명을 받은 천사장인데, 검(전쟁)과 흉년과 땅의 짐승들(저는 이 재앙이 바로 코로나 바이러스와 같은 재앙으로 생각합니다. 왜냐하면 2003년 있었던 사스, 2014년 에볼라 바이러스, 2015년의 메르스, 2019년의 코로나 바이러스들이 모두 '박쥐'로부터 시작되어서 많은 사람들을 죽였기 때문입니다.)로 인하여 많은 사람들이 죽게 되는데, 다섯째 인이 떼어지게 되면 사라지는 것이 아니라, '넷째 인'이 떼어진 이후로 계속해서 전 세계에 다니면서 '검(전쟁)'과 '흉년'과 '땅의 짐승'들로 사람들을 죽이는 재앙이 나타나도록 일하는 것입니다.

계6:3 둘째 인을 떼실 때에 내가 들으니 둘째 생물이 말하되 오라 하니

계6:4 이에 다른 붉은 말이 나오더라 그 탄 자가 허락을 받아 땅에서 화평을 제하여 버리며 서로 죽이게 하고 또 큰 칼을 받았더라

계6:5 셋째 인을 떼실 때에 내가 들으니 셋째 생물이 말하되 오라 하기로 내가

보니 검은 말이 나오는데 그 탄 자가 손에 저울을 가졌더라

계6:6 내가 네 생물 사이로부터 나는 듯한 음성을 들으니 이르되 한 데나리온에 밀 한 되요 한 데나리온에 보리 석 되로다 또 감람유와 포도주는 해치지 말라 하더라

계6:7 넷째 인을 떼실 때에 내가 넷째 생물의 음성을 들으니 말하되 오라 하기로

계6:8 내가 보매 청황색 말이 나오는데 그 탄 자의 이름은 사망이니 음부가 그 뒤를 따르더라 그들이 땅 사분의 일의 권세를 얻어 검과 흉년과 사망과 땅의 짐승들로써 죽이더라

마찬가지로 본격적인 재앙인 '나팔 재앙'도 이렇게 재앙이 나타나게 됩니다.

첫 번째 나팔 재앙 = 전 세계의 땅 1/3이 불타는 재앙

두 번째 나팔 재앙 = 전 세계의 땅 1/3이 불타는 재앙 + 전 세계 바다의 1/3이 피가 되는 재앙

세 번째 나팔 재앙 = 전 세계의 땅 1/3이 불타는 재앙 + 전 세계 바다의 1/3이 피가 되는 재앙 + 전 세계 강의 1/3이 쓴 물 되는 재앙

네 번째 나팔 재앙 = 전 세계의 땅 1/3이 불타는 재앙 + 전 세

계 바다의 1/3이 피가 되는 재앙 + 전 세계 강의 1/3이 쓴 물 되는 재앙 + 해와 달과 별들의 1/3이 어두워지는 천재지변의 재앙

다섯 번째 나팔 재앙 = 전 세계의 땅 1/3이 불타는 재앙 + 전 세계 바다의 1/3이 피가 되는 재앙 + 전 세계 강의 1/3이 쓴 물 되는 재앙+해와 달과 별들의 1/3이 어두워지는 천재지변의 재앙 + 이마에 '하나님의 인침'을 받지 못한 모든 사람들을 황충이 쏘는 재앙(150일)

여섯 번째 나팔 재앙 = 전 세계의 땅 1/3이 불타는 재앙 + 전 세계 바다의 1/3이 피가 되는 재앙 + 전 세계 강의 1/3이 쓴 물 되는 재앙 + 해와 달과 별들의 1/3이 어두워지는 천재지변의 재앙 + 150일 동안의 황충 재앙 후 세계 3차 대전이 발발하여 전 세계 인구의 1/3이 죽는 재앙

계8:7 첫째 천사가 나팔을 부니 피 섞인 우박과 불이 나와서 땅에 쏟아지매 땅의 삼분의 일이 타 버리고 수목의 삼분의 일도 타 버리고 각종 푸른 풀도 타 버렸더라

계8:8 둘째 천사가 나팔을 부니 불 붙는 큰 산과 같은 것이 바다에 던져지매 바다의 삼분의 일이 피가 되고

계8:9 바다 가운데 생명 가진 피조물들의 삼분의 일이 죽고 배들의 삼분의 일이 깨지더라

계8:10 셋째 천사가 나팔을 부니 횃불 같이 타는 큰 별이 하늘에서 떨어져 강들의 삼분의 일과 여러 물샘에 떨어지니

계8:11 이 별 이름은 쓴 쑥이라 물의 삼분의 일이 쓴 쑥이 되매 그 물이 쓴 물이 되므로 많은 사람이 죽더라

계8:12 넷째 천사가 나팔을 부니 해 삼분의 일과 달 삼분의 일과 별들의 삼분의 일이 타격을 받아 그 삼분의 일이 어두워지니 낮 삼분의 일은 비추임이 없고 밤도 그러하더라

　다섯 번째 나팔 재앙인 '황충 재앙'이 이전의 재앙과 다른 점은, 이전의 나팔 재앙들이 본격적인 재앙이지만 전 세계 1/3에 나타나는 '환경적 재앙(땅, 바다, 강, 천재지변)'이라면 '황충 재앙'은, 자연계를 향한 재앙이 아니라, 직접 '사람'들에게 나타나는 재앙입니다.

계8:13 내가 또 보고 들으니 공중에 날아가는 독수리가 큰 소리로 이르되 땅에 사는 자들에게 화, 화, 화가 있으리니 이는 세 천사들이 불어야 할 나팔 소리가 남아 있음이로다 하더라

　이 장(章)을 시작하면서 말씀드렸다시피, 지난 2022년에 「주님 오시리 곧 오시리」라는 책을 쓸 때, 성령님께서는 "지금은 이

미 '여섯째 인'이 떼어진 시대다"라고 말씀하셨었는데, 2024년에 역시 주님의 명령을 따라서 「예수님의 보혈의 능력」이라는 책을 쓸 때, 성령님께서는 "지금은 이미 '일곱째 인'이 떼어진 때이다(계8:1)"라고 말씀하셨다고 해서, 우리가 일곱째 인이 떼어진 시대에 살고 있기 때문에, 여섯째 인이 떼어졌을 때 나타난 천사가 하나님의 종들의 '이마'에 '하나님의 인'을 치는 사역이 끝난 것이 아니고, 예수님께서 '공중 강림'하실 때까지 '하나님의 인'을 치는 사역은 계속되는 것입니다.

계7:1 이 일 후에(**여섯째 인이 떼어졌을 때 나타난 천재지변의 재앙이 있는 것을 본 후/계6:12-17**) 내가 네 천사가 땅 네 모퉁이에 선 것을 보니 땅의 사방의 바람을 붙잡아 바람으로 하여금 땅에나 바다에나 각종 나무에 불지 못하게 하더라

계7:2 또 보매 다른 천사가 살아 계신 '하나님의 인'을 가지고 해 돋는 데로부터 올라와서 땅과 바다를 해롭게 할 권세를 받은 네 천사를 향하여 큰 소리로 외쳐

계7:3 이르되 우리가 우리 하나님의 종들의 '이마'에 인치기까지 땅이나 바다나 나무들을 해하지 말라 하더라

　　천사들이 예수님의 명령을 받아서 '하나님의 인'을 받을 조건(

계14:1-5)을 갖춘 하나님의 종들의 '이마'에 '인'을 치는 사역은 예수님께서 공중에 강림하시기 전까지 계속되는데, '이마'에 '하나님의 인'을 받는 사람들의 수는 '이스라엘 성도들' 가운데에서 144,000명(한 지파에서 12,000명×12지파)이 될 것이고, '이방인 성도들'의 수는 '각 나라와 족속과 백성과 방언에서 아무도 능히 셀 수 없는 큰 무리(계7:9)'가 되며, 이렇게 '이마'에 '하나님의 인'을 받은 성도들만이 적그리스도가 다스리는 대 환난 때에 '666표(베리칩)'을 목숨 걸고 거절하여 예수님께서 추수하실 때 '알곡으로 추수' 되어서(계14;14-16) 하늘로 들림받아 하나님의 보좌 앞에서 찬양하게 되고(계7:13-14), '666표(베리칩)'를 받은 사람들은 이 땅에 남아서 '대접 재앙'을 받게 됩니다(계14:17-20;16:1-21).

그래서 첫번째 대접 재앙은 '666표(베리칩)'를 받은, 전 세계 모든 사람들에게, 악하고 독한 종기가 나타나는 것입니다(계16:2)

계7:4 내가 인침을 받은 자의 수를 들으니 이스라엘 자손의 각 지파 중에서 인침을 받은 자들이 십사만 사천이니

계 7:5 유다 지파 중에 인침을 받은 자가 일만 이천이요 르우벤 지파 중에 일만 이천이요 갓 지파 중에 일만 이천이요

계 7:6 아셀 지파 중에 일만 이천이요 납달리 지파 중에 일만 이천이요 므낫세 지파 중에 일만 이천이요

계 7:7 시므온 지파 중에 일만 이천이요 레위 지파 중에 일만 이천이요 잇사갈 지파 중에 일만 이천이요

계 7:8 스불론 지파 중에 일만 이천이요 요셉 지파 중에 일만 이천이요 베냐민 지파 중에 인침을 받은 자가 일만 이천이라

계7:9 이 일 후에 내가 보니 각 나라와 족속과 백성과 방언에서 아무도 능히 셀 수 없는 큰 무리가 나와 흰 옷을 입고 손에 종려 가지를 들고 보좌 앞과 어린 양 앞에 서서

계 7:10 큰 소리로 외쳐 이르되 구원하심이 보좌에 앉으신 우리 하나님과 어린 양에게 있도다 하니

계 7:13 장로 중 하나가 응답하여 나에게 이르되 이 흰 옷 입은 자들이 누구며 또 어디서 왔느냐

계 7:14 내가 말하기를 내 주여 당신이 아시나이다 하니 그가 나에게 이르되 이는 큰 환난에서 나오는 자들인데 어린 양의 피에 그 옷을 씻어 희게 하였느니라

계14:14 또 내가 보니 흰 구름이 있고 구름 위에 인자와 같은 이가 앉으셨는데 그 머리에는 금 면류관이 있고 그 손에는 예리한 낫을 가졌더라

계14:15 천사가 성전으로부터 나와 구름 위에 앉은 이를 향하여 큰 음성으로 외쳐 이르되 당신의 낫을 휘둘러 거두소서 땅의 곡식이 다 익어 거둘 때가 이르렀음이니이다 하니

계14:16 구름 위에 앉으신 이가 낫을 땅에 휘두르매 땅의 곡식이 거두어지니라

계14:17 또 다른 천사가 하늘에 있는 성전에서 나오는데 역시 예리한 낫을 가졌더라

계14:18 또 불을 다스리는 다른 천사가 제단으로부터 나와 예리한 낫 가진 자를 향하여 큰 음성으로 불러 이르되 네 예리한 낫을 휘둘러 땅의 포도송이를 거두라 그 포도가 익었느니라 하더라

계14:19 천사가 낫을 땅에 휘둘러 땅의 포도를 거두어 하나님의 진노의 큰 포도주 틀**(대접 재앙)**에 던지매

계14:20 성 밖에서 그 틀이 밟히니 틀에서 피가 나서 말 굴레에까지 닿았고 천육백 스다디온에 퍼졌더라

계16:1 또 내가 들으니 성전에서 큰 음성이 나서 일곱 천사에게 말하되 너희는 가서 하나님의 진노의 일곱 대접을 땅에 쏟으라 하더라

계16:2 첫째 천사가 가서 그 대접을 땅에 쏟으매 짐승의 표를 받은 사람들과 그 우상에게 경배하는 자들에게 악하고 독한 종기가 나더라

그러므로 '다섯 번째 나팔 재앙'인 '황충 재앙'으로부터 보호 받고, 적그리스도가 다스리는 '대 환난' 때 '짐승의 표'인 '666표**(베리칩)**'를 거절하고 '이기는 자'가 되기 위해서는 반드시 '이마'에 '

하나님의 인침'을 받아야 하므로 여러분들 모두가 '이마'에 '하나님의 인침'을 받아서 반드시 '이기는 자' 반열에 드시기를 축원합니다.

예수님께서 서사라 목사에게 말씀하신
〈하나님의 인침〉을 받을 조건(계14:1-5)

① 티끌 만한 죄(육체/마음/생각)까지 철저히 회개하라

② 모든 중독(술/돈/폭력/사소한 거짓말/음란/TV 등 하나님보다 우선 둔 것들 모두)을 끊고 벗어나라

③ 세상을 바라보며 사랑하는 마음&욕심을 끊고 오직 예수님만 바라보고 사랑하라

④ 예수님을 위하여 순교하리라는 각오와 믿음으로 살라-이렇게 살도록 매일 기도할 때 예수님께서 천사들을 보내셔서 인을 쳐주십니다(계7:2-3).

19. 예수님의 '공중 강림'은 언제 있는가?

예수님의 '공중 강림'은 앞에서 말씀드린 대로 '일곱 번째' 나팔 재앙이 있기 바로 전에 있게 됩니다.

우리는 지금 '일곱 번째' 인이 떼어진 시대에 살고 있으므로 예수님의 '공중 강림' 때까지 앞으로 이런 일들이 있게 됩니다.

① 첫째~넷째 나팔 재앙(계8:7-13)

② 다섯째 나팔 재앙(**황충 재앙/계9:1-11**)

③ 여섯째 나팔 재앙(**세계 제3차 전쟁/계9:13-18**)

④ 적그리스도 출현하여 많은 사람들과 7년 평화 조약 맺음(**단9:27**)

⑤ 적그리스도 7년 평화 조약의 '전 3년 반' 시작

⑥ 하나님께서 보내신 두 증인의 활동(계11:1-4)

⑦ 적그리스도 7년 평화 조약의 '전 3년 반' 끝나는 시점

(이 때 예수님의 '공중 강림'과 '신부'들의 휴거가 있은 후 '일곱째 나팔'이 불리고 적그리스도가 다스리는 '대환난'이 시작됨.

⑧ 두 증인의 죽음과 3일 반 만에 살아남(계11:7-11)

⑨ 두 증인이 올라감 (계11:12)

⑩ 바로 이때 즈음에 예수님의 '공중 강림'과 '신부된 성도들의 휴거' (살전4:16-17)

20. 예수님 '공중 강림'하실 때 휴거 될 조건 : '신부 예복'

1) '신부 예복'을 입은 이사야 선지자

이사야 선지자는 하나님께서 자신에게 두 가지 옷, 즉 '구원의 옷'과 '공의의 겉옷'을 입혀주셨다고 말하고 있습니다.

사61:10 내가 여호와로 말미암아 크게 기뻐하며 내 영혼이 나의 하나님으로 말미암아 즐거워하리니 이는 그가 '구원의 옷'을 내게 입히시며 '공의의 겉옷'을 내게 더하심이 신랑이 사모를 쓰며 신부가 자기 보석으로 단장함 같게 하셨음이라

첫째, '구원의 옷'은, 하나님께서 범죄한 아담과 하와에게 짐승을 죽이심으로써 만들어 주신 가죽옷과 같은 옷인데, 예수 그리스도께서 십자가에서 피 흘려 죽으심으로써 예수님을 구주로 영접한 사람들에게 입혀주시는 옷입니다.

둘째, '공의의 겉옷'은 신랑 되신 예수님의 혼인 잔치에 참여할 자격을 갖춘 신부들에게 입혀주시는 옷인데, '구원의 옷'이 죄

와 수치를 가려주는 '속옷'이라면, 신부 예복은 결혼식 때 입는 '겉옷'입니다.

이사야 선지자는 하나님께서 자기 자신에게 '구원의 옷'을 입혀주셨을 뿐 아니라 '신부 예복'인 '공의의 겉옷'을 입혀주셨음을 알고 기뻐하고 즐거워하였습니다.

이사야 선지자가 구약 시대의 사람인 것을 생각할 때 구약 시대에도 '구원의 옷'을 입은 성도들이 있었으며, '공의의 겉옷'을 입은 그리스도의 신부들도 있었음을 알 수 있습니다.

2) 신부 예복을 입어야 하는 이유

① 신부 예복을 입어야 혼인 잔치에 참여할 수 있습니다.

마22:11 임금이 손님들을 보러 들어올새 거기서 예복을 입지 않은 한 사람을 보고

마22:12 이르되 친구여 어찌하여 예복을 입지 않고 여기 들어왔느냐 하니 그가 아무 말도 못하거늘

마22:13 임금이 사환들에게 말하되 그 손발을 묶어 바깥 어두운 데에 내던지라 거기서 슬피 울며 이를 갈게 되리라 하니라

임금이신 하나님 아버지께서는 혼인 잔치에 예복을 입지 않은 사람을 천국의 성밖인 바깥 어두운 데로 내쫓아버렸습니다. 마 22:12 말씀에 나오는 '예복'의 '예'는 헬라어로 '가모스'인데 '결혼식'을 의미하고, '복'은 헬라어로 '엔뒤마'인데 '옷', '겉옷'을 의미함으로써 결혼식 때 입는 옷임을 알 수 있습니다.

예복은 결혼식 때 입는 옷이므로 그리스도의 신부된 성도들은 '영적 드레스'인 '신부 예복'을 입어야 하는데 그 사람은 '신부 예복'을 입지 않았기 때문에 혼인 잔치에서 쫓겨난 것입니다. 그러므로 하늘의 혼인 잔치에 참여하기 위해서는 '신부 예복'을 입어야 함을 알 수 있습니다.

② 신부 예복을 입어야 새 예루살렘 성에 들어갈 수 있습니다.

계21:9 일곱 대접을 가지고 마지막 일곱 재앙을 담은 일곱 천사 중 하나가 나아와서 내게 말하여 이르되 이리 오라 내가 신부 곧 어린 양의 아내를 네게 보이리라 하고

계21:10 성령으로 나를 데리고 크고 높은 산으로 올라가 하나님께로부터 하늘에서 내려오는 거룩한 성 예루살렘을 보이니

일곱 천사 중 하나가 사도 요한에게 "내가 신부 곧 어린 양의

아내를 네게 보이리라"고 말하고서는 '새 예루살렘 성'을 보여줬습니다. 그런데 '새 예루살렘 성' 자체가 예수 그리스도의 신부가 될 수 없으므로 그리스도의 신부들이 있는 '새 예루살렘 성'을 보여준 것입니다.

③ 신부 예복을 입어야 휴거될 수 있습니다.

마24:40 그 때에 두 사람이 밭에 있으매 한 사람은 데려가고 한 사람은 버려둠을 당할 것이요
마24:41 두 여자가 맷돌질을 하고 있으매 한 사람은 데려가고 한 사람은 버려둠을 당할 것이니라

'데려가고'의 헬라어 원어는 '파랄람바노'인데, 이 단어와 같은 뜻의 히브리어는 '라카흐'입니다.
그런데 '라카흐'라는 단어는 휴거의 예표가 되는 에녹과 엘리야가 산 채로 들림받았을 때 사용된 단어입니다.

창5:24 에녹이 하나님과 동행하더니 하나님이 그를 데려가시므로('**라카흐**') 세상에 있지 아니하였더라

왕하2:9 건너매 엘리야가 엘리사에게 이르되 나를 네게서 데려감을('**라카흐**') 당하기 전에 내가 네게 어떻게 할지를 구하라 엘리사가 이르되 당신의 성령이 하시는 역사가 갑절이나 내게 있게 하소서 하는지라

왕하2:10 이르되 네가 어려운 일을 구하는도다 그러나 나를 네게서 데려가시는('**라카흐**') 것을 네가 보면 그 일이 네게 이루어지려니와 그렇지 아니하면 이루어지지 아니하리라 하고

그리고 '라카흐'라는 단어는 '신부 삼다'라는 의미도 있습니다.

창24:67 이삭이 리브가를 인도하여 그의 어머니 사라의 장막으로 들이고 그를 맞이하여('**라카흐**') 아내로 삼고 사랑하였으니 이삭이 그의 어머니를 장례한 후에 위로를 얻었더라

그러므로 (히) '라카흐' = '데려가다', '신부 삼다' = '신부 삼기 위해 데려가다' = (헬) '파랄람바노' = '예복 입은 신부들을 휴거 시킨다'는 의미입니다.

3) 신부 예복을 의미하는 단어들

① 공의의 겉옷

사61:10 내가 여호와로 말미암아 크게 기뻐하며 내 영혼이 나의 하나님으로 말미암아 즐거워하리니 이는 그가 '구원의 옷'을 내게 입히시며 '공의의 겉옷'을 내게 더하심이 신랑이 사모를 쓰며 신부가 자기 보석으로 단장함 같게 하셨음이라

'구원의 옷'이 죄와 수치를 가려주는 '속옷'이라면, '공의의 겉옷'은 하나님 말씀에 온전히 순종함으로써 공의로운 삶을 산 성도들에게 입혀주시는 옷으로써, 신부가 결혼식 때 보석으로 자신을 단장하며 입는 드레스와 같은 '겉옷'입니다.

② 빛나고 깨끗한 세마포

계19:7 우리가 즐거워하고 크게 기뻐하며 그에게 영광을 돌리세 어린 양의 혼인 기약이 이르렀고 그의 아내가 자신을 준비하였으므로

계19:8 그에게 '빛나고 깨끗한 세마포 옷'을 입도록 허락하셨으니 이 세마포 옷은 성도들의 옳은 행실이로다 하더라

예수 그리스도께서 자신의 신부들이 혼인 잔치에 참여할 때 '빛나고 깨끗한 세마포'를 입도록 허락하셨다고 했으므로 이 옷도 '신부 예복'을 의미합니다.

③ 흰 옷

계3:5 이기는 자는 이와 같이 '흰 옷'을 입을 것이요 내가 그 이름을 생명책에서 결코 지우지 아니하고 그 이름을 내 아버지 앞과 그의 천사들 앞에서 시인하리라

이기는 성도에게 '흰 옷'을 입혀주신다고 하셨는데, 그리스도의 신부들이 거하는 '새 예루살렘 성'에는 '이긴 자'들만 들어갈 수 있으므로(계21:1-7), '흰 옷'도 '신부 예복'을 의미합니다.

④ 두루마기

계22:14 자기 '두루마기'를 빠는 자들은 복이 있으니 이는 그들이 생명나무에 나아가며 문들을 통하여 성에 들어갈 권세를 받으려 함이로다

'두루마기'의 헬라어 원어는 '스톨레'인데, '상의', '겉옷'을 의미합니다. 이 옷도 '신부 예복'을 의미합니다. '신부 예복'을 입었어도 티끌 만한 죄까지 철저히 회개하여 예수 그리스도의 보혈로 예복을 빠는 자들만 생명 나무가 있는 '새 예루살렘 성' 안에 들어

갈 수 있는 권세를 받고, 회개를 게을리하여 예복이 더러워진 사람들은 성 밖으로 쫓겨나게 됩니다.

계22:15 개들과 점술가들과 음행하는 자들과 살인자들과 우상 숭배자들과 및 거짓말을 좋아하며 지어내는 자는 다 성 밖에 있으리라

4) 신부 예복을 입은 성도들의 특징

'신부 예복'은 영적인 옷이므로, 영안이 열린 사람들은 볼 수 있지만, 육신의 눈으로는 안 보입니다. 그렇다면 '신부 예복'을 입었는지, 안 입었는지 어떻게 알 수 있을까요? 예수님께서는 '그들의 열매로 그들을 알리라(마7:20)'고 말씀하셨으므로, '신부 예복'을 입은 성도들에게는 다음과 같은 열매가 나타난다.

1) 영적으로 거룩한 상태를 유지하려고 티끌 만한 죄까지 철저히 회개합니다.
2) 하나님 말씀에 순종하는 삶을 삽니다.
3) 자신의 생명보다 예수님을 더 사랑합니다.
4) 영혼들을 구원하려는 간절한 마음이 있습니다.
5) 예수님의 '공중 강림'을 사모하며 날마다 깨어 기도합니다.

21. '신부 예복'을 입을 조건

어느 날부터인지 기도하면 예수님께서 자꾸 말씀하셨습니다.

"아들아, '이마'에 '하나님의 인침'을 받는 집회를 너희 교회에서 하거라"
"아들아, '신부 예복'을 입는 집회를 너희 교회에서 하거라"

예수님께서 이런 말씀을 하실 때마다 저는
"예수님, 저는 부족해서 못합니다. '하나님의 인' 집회를 하려면 제 영안이 열려서, 주님께서 누구 '이마'에 '하나님의 인'을 쳐주시는지 보여야 '인'을 받은 사람들에게 알려줄 수 있고, '신부 예복' 집회를 하려면 제 영안이 열려서, 주님께서 누구에게 '신부 예복'을 입혀주시는지 보여야 '예복'을 입은 사람들에게 알려줄 수 있는데, 아시다시피 저는 영안이 안 열려서 못 보니까 성도들에게 알려줄 수 없잖아요"라고 변명하면서 불순종했습니다.

그런데 주님께서는
"너는 영안이 안 열려서 못 본다 해도, 네 귀는 열려서 내 음성을 잘 듣지 않느냐? 그러므로 하거라."라고 자꾸 말씀하셨습니다.

그래서 저는 어쩔 수 없이 순종하는 마음으로 제가 섬기는 교회에서 매월 마지막 주, 주일 밤 예배 때마다 한 달은 '인' 집회로 그 다음 달에는 '예복' 집회로, 교대로 하기 시작했습니다. 그래서 '인' 집회할 때는 미리 광고해서 성도들이 '이마'에 '하나님의 인'을 받을 수 있도록 기도로 준비하게 한 뒤 당일에 '하나님의 인'에 대하여 말씀을 전하고 철저히 회개시키며 간절히 기도하게 한 뒤, 마지막에는 주님을 위해서 죽을 각오가 되었고, '이마'에 '하나님의 인침' 받기 원하는 성도들 있으면 강단에 나와서 기도하게 하였고, '예복' 집회 할 때 미리 광고해서 성도들이 '신부 예복'을 입을 수 있도록 기도로 준비하게 한 뒤 당일에는 '신부 예복'에 대하여 말씀을 전하고, 철저히 회개하며 간절히 기도하게 한 뒤, '신부 예복' 입기 원하는 성도들이 강단에 나와서 기도하게 한 뒤 저는 돌아다니면서 기도를 해주었습니다.

이렇게 집회를 인도해오면서 깨달은 것이 있습니다.

① '인' 집회를 하든, '예복'집회를 하든지 가장 중요한 것은, 제가 임의로 '인'을 쳐줄 수 없고, '예복'을 입혀줄 수 없고, 오직 그 집회에 예수님께서 오셔서 '인' 받을 자격이 갖춰진 성도들 '이마'에 '인'을 쳐주시고, '예복' 입을 자격을 갖춘 성도들에게 '예복'을 입혀주셔야 하기 때문에 그 자리에 예수님께서 오셔야 하는데,

어떤 때는 예배 시작 전에, 어떤 때는 말씀을 전할 때 제 귀에 대고 "아들아, 나 왔다."라고 말씀을 해주십니다. 그러면 저는 속으로 '됐구나, 예수님께서 오셨으니 누군가가 인을 받겠구나(혹은 예복을 입겠구나)'라고 생각하고 말씀을 전한 뒤 다같이 통성으로 기도하며 간절한 마음으로 부르짖게 한 뒤, 나중에는 인 받기 원하는 성도들(혹은 예복 입기 원하는 성도들) 있으면 강단으로 나와서 기도하라고 한 뒤 저는 다니면서 한 사람씩 안수 기도를 해주는데 그때 주님께서 "이 사람은 이미 준비가 되었기 때문에 나와서 기도할 때 즉시 '인' 받았다(혹은 '예복' 입었다)"라고 말씀해주시기도 하고, 어떤 성도에게는 "이 성도는 오늘 안 된다"라고 말씀해주심으로써 '인'을 받기에(혹은 '예복' 입기에) 많이 부족함을 알려주셨습니다. 그런데 어떤 성도들 뒤에는 천사가 대기하고 있는 것을 알게 해주십니다.

이런 성도들은 '인'을 받기에(혹은 '예복' 입기에) 2% 부족한 성도들인데, 그 자리에서 간절히 기도해서 2%가 채워지면 예수님께서 '인'을 받게('예복' 입게) 해주시지만, 그 2%가 채워지지 않으면 예수님께서는 그냥 천국으로 가시는 것을 알게 해주십니다. 그래서 저는 2% 부족한 성도들이 앞에 나와서 기도하면 "더 간절히 기도해!" "더 회개해!", "더 사모함으로 기도해!"라고 큰 소리로 말해

줘서 그날 꼭 '인'을 받을 수 있도록('예복' 입을 수 있도록) 힘을 씁니다. '하나님의 인' 집회와 '신부 예복' 집회를 인도해오면서 깨닫게 된 것이 있습니다.

1) 이마에 '하나님의 인침' 받기 원하거나 '신부 예복' 입기를 원할 때, 공통 사항

① 티끌 만한 죄까지 철저히 회개하는 것은 같습니다.

② 세상을 사랑하지 않고, 세상의 영광을 구하지 않고, 세상을 바라보지 않고, 오직 주님만 바라보고, 오직 주님만 사랑하는 것도 같습니다.

③ 최소한 1시간 이상씩 '매일' 기도해야 합니다 (**이 부분이 갖춰지지 않으면 어렵습니다.**)

2) 이마에 '하나님의 인침' 받기 원하거나 '신부 예복' 입기를 원할 때, 다른 사항

① '이마'에 '하나님의 인침' 받기 원할 때 가장 중요한 것은 주님을 위하여 죽을(순교할) 각오가 되어 있어야 합니다. 왜냐 하면 대 환난의 시대에 적그리스도가 강제로 '666표'를 받게 하는데, 이때 순교를 각오하고 '666표'를 받지 말아야 하기 때문입니다.)

② 그런데 '신부 예복'을 입기 원할 때 가장 중요한 것은 신랑되신 예수님을 향

한 사랑하는 마음입니다. 그리고 예수님 오셨을 때 휴거하고 싶은 강렬한 마음이고, 언제 예수님이 오셔도 즉시 떠날 수 있도록 깨어 있고 준비되어 있는 마음입니다.

하나님은 사모하는 영혼을 만족케 하시며 주린 영혼에게 좋은 것으로 채워주시는 분이십니다(시107:9). 마찬가지로 하나님은 그리스도의 신부가 되기를 사모하는 성도들을 신부로 삼으시고, 예수님께서 '공중 강림'하실 때 공중에서 주님을 만나길 사모하는 성도들에게 '신부 예복'을 입혀주십니다.

그리고 예수님께서는 영적으로 '깨어'있는 자들만 휴거 될 수 있다고 말씀하셨습니다(마24:42). 그러므로 매일 기도하면서 영적으로 깨어서 예수님의 '공중 강림'을 준비한 성도들이 '신부 예복'을 입을 수 있습니다.

3) 이런 성도들이 '빨리' '인'을 받고, '예복'을 입었습니다.

① 철저히 회개하며 거룩하게 살려는 성도들
② 매일 1시간 이상씩 기도 하는 성도들
③ 영혼 구원, 선교에 헌신된 성도들(예수님께서는 영혼 구원을 가장 기뻐하시므로...)
④ 하나님의 뜻, 하나님의 말씀대로 순종하면서 살려고 몸부림

치는 성도들

⑤ 살든지 죽든지 오직 하나님의 영광을 위하여 살고 죽기 원하는 마음이 강한 성도들

4) 신부 예복을 입기만 하면 휴거되는가?

이 말은 '한 번 구원의 옷을 입기만 하면 영원히 구원받는가?' 와 같은 질문입니다.

히6:4-6에서는 한 번 구원받았더라도 타락하면 구원을 상실할 수 있음을 말하고 있으며, 계3:5에서는 구원받은 사람들이 생명책에서 얼마든지 지워질 수 있다고 말합니다.

그리고 예수님을 믿고 구원을 받은 사람이라도 '대 환난' 때 '666표'를 받으면 구원을 상실하고 지옥에 가게 되어 불과 유황으로 고난을 받는다고 성경은 말하고 있습니다.

계14:9 또 다른 천사 곧 셋째가 그 뒤를 따라 큰 음성으로 이르되 만일 누구든지 짐승과 그의 우상에게 경배하고 '이마'에나 손에 표를 받으면

계14:10 그도 하나님의 진노의 포도주를 마시리니 그 진노의 잔에 섞인 것이 없이 부은 포도주라 거룩한 천사들 앞과 어린 양 앞에서 불과 유황으로 고난을 받으리니

계14:11 그 고난의 연기가 세세토록 올라가리로다 짐승과 그의 우상에게 경배하고 그의 이름 표를 받는 자는 누구든지 밤낮 쉼을 얻지 못하리라 하더라

이렇듯 성경은 '구원의 옷'을 입었더라도 얼마든지 구원을 상실할 수도 있음을 말하고 있는데, 신부 예복도 마찬가지입니다. 아무리 신부 예복을 입었더라도 다시 죄 가운데에서 살면 '신부 예복'은 더러워져서 결국 그리스도의 신부 자격을 상실하게 됩니다. 그렇기 때문에 신부 예복을 입은 성도들은 날마다 티끌 만한 죄라도 철저히 회개하면서 신부 예복이 더러워지지 않도록 힘써야 합니다.

계22:14 자기 두루마기를 빠는 자들은 복이 있으니 이는 그들이 생명나무에 나아가며 문들을 통하여 성에 들어갈 권세를 받으려 함이로다

그러므로 이 글을 읽는 모든 성도들은 '철저히 회개'하면서 '이마'에 '하나님의 인' 받기를 사모하고, '신부 예복' 입기를 사모하시기 바랍니다. 하나님은 사모하는 자에게 은혜를 주시기 때문입니다.

이마에 '하나님의 인'을 받아서 황충 재앙의 고통에서 보호 받

고, '신부 예복'을 입어서 '휴거'의 자격을 갖추되, 순간순간 티끌만한 죄까지 철저히 회개함으로써 두루마기를 빨아, 빛나고 깨끗한 상태로 예복을 유지하여 예수님께서 공중에 강림하실 때 모두가 휴거되시기 바랍니다.

제 4 장

간증들 모음

1) 박요셉 목사

어느 날 기도하는데 성령님께서 말씀하셨습니다.

(저는 부족해서 비록 예수님을 세 번밖에 못 뵀지만, 성령님의 음성은 수백 번 이상 들어왔기 때문에 성령님께서 말씀하시면 그 감동이나 음성을 잘 분별해서 듣는 편입니다)

"아들아, '이마'에 '하나님의 인침'을 받도록 하라!"
"네? '하나님의 인'을 받으라구요?"

저는 요한 계시록이나 책을 통해서 '하나님의 인'에 대하여 조금은 알고 있었습니다. 첫째 나팔 재앙부터 본격적인 재앙이 시작되어, 다섯째 나팔이 불리면 무저갱에서 '황충'이 올라와서 '이마'에 '하나님의 인침'을 받지 않은 모든 사람들을 전갈과 같이 쏨으로써 다섯 달 동안 죽고 싶어도 죽지도 못하는 고통을 당하게 하는 재앙(계9:1-10)이 있다는 것을 알고 있었지만, 저는 나팔 재앙이 시작되기 전인 일곱째 인이 떼어진 뒤 '반 시간 동안 고요할 때(계8:1)' 예수님께서 '공중 강림'하실 것이고, 신부 예복을 입고 있던 저는 휴거될 것이므로. '다섯째 나팔' 재앙인 '황충' 재앙을 피하기 위해서 받아야 하는 '하나님의 인침'은 나와 전혀 상관없는 것으로 생각하고 별 관심을 두지 않고 있었기 때문입니다.

그런데 성령님께서 '이마'에 '하나님의 인침'을 받으라고 말씀하시니, '이마'에 '하나님의 인침'을 받는 것이, 나와 전혀 상관없는 것이 아니라, 내게 아주 중요한 것임이 분명하였습니다. 이제까지 신앙생활을 하는 동안 성령님께서는 수많은 음성들을 들려주셨었는데, 그 음성들은 저의 삶과 사역에 절대적인 영향을 끼쳤기 때문이었습니다.

말씀 중심의 제자 훈련 사역을 하려고 계획했던 저에게 성령님께서는 "찬양 사역을 하라!"고 하셔서 그 말씀에 순종했더니 찬양 사역을 통해 수많은 사람들이 주님께 돌아오고 헌신하게 되었고, 교회 개척에 대하여 전혀 생각하지도 않았던 저에게 "교회를 개척하라!"고 말씀하셔서 순종함으로 교회를 개척하였으며, 어느 날 갑자기 "40일 작정 금식 기도를 하라!"고 말씀하셔서 순종함으로 금식 기도를 했더니, 금식 기도를 통하여 영성 사역에 눈을 뜨게 하시고, 예수님을 두 번 만나게도 하시며 전문적인 영성 사역을 하게 하심으로써 영적 세계의 비밀들을 알게 하심으로써 성도들이 성령 충만한 슬기로운 다섯 처녀들과 같이 되어 신랑되신 예수님을 맞이할 준비를 하게(마25:1-13)도 하셨습니다(그 외에도 **수많은 음성들을 들은 이야기들이 「주님 오시리 곧 오시리」라는 책에 실려 있습니다**). 이 외에도 제 인생과 사역의 중요한 시점마다 성령님께서 들려주신 음성들은, 저를 향하신 하나님의 뜻을 깨닫게 해주셨고,

하나님의 뜻에 따라서 하나님을 섬기게 해주셨습니다.

그러므로 내가 왜 '이마'에 '하나님의 인침'을 받아야 하는지 전혀 이해가 되지 않았지만, 성령님께서 말씀하셨기 때문에 "아멘" 하고 순종하기로 했습니다. 비록 내가 이해가 되지 않더라도 일단 순종하고 나면 나중에 주님의 뜻을 깨닫게 하실 것을 믿었습니다. 주님의 말씀에 순종하기로 한 나는 기도하기 시작하였습니다. "주님, 주님께서 '하나님의 인침'을 받으라고 말씀하셔서 제가 순종하는 마음으로 기도합니다. 제가 '이마'에 '하나님의 인침'을 받게 해 주옵소서!"

저는 매일 기도하면서 '하나님의 인'에 대하여 말하고 있는 서사라 목사님의 책 「하나님의 인」, 「계시록 이해」라는 책을 자세히 읽어보며 연구하였을 때, 성령님께서는 내가 왜 '이마'에 '하나님의 인침'을 받아야 하는지 그 이유를 깨닫게 하셨습니다. 저는 예수님의 '공중 강림'의 시기에 대하여 잘못 알고 있었던 것이었습니다. 예수님께서는 나팔 재앙이 시작되기 전(前) 일곱째 인이 떼어진 뒤 '반 시간 동안 고요할 때(계8:1)'에 공중에 강림하시는 것이 아니라, 여섯째 나팔이 불린 뒤

① 세계전쟁이 일어나 전 세계 인구의 1/3이 죽게 되고,

② 그 후에 적그리스도가 많은 사람들과 더불어 7년 평화 조약을 체결하는데(계11:1-2,단9:27),

③ 이 때 두 증인이 동시에 출현해서 3년 반 동안 활동하게 되며(계11:3),

④ 적그리스도의 '전 3년 반'이 지난 뒤,

⑤ 적그리스도가 갑자기 돌변하여 두 증인을 죽이는데(계11:7-10),

⑥ 죽임을 당한 두 증인이 삼일 반 만에 부활하게 되고(계11:11)

⑦ 하늘에서 "이리로 올라오라"는 음성이 들려 두 증인이 올라가는(계11:12) 그때가 예수님의 '공중 강림'과 죽은 자들의 부활, 그리고 신부된 성도들의 휴거가 있는 때인 것입니다.

⑧ 그리고 '일곱째 나팔'이 불리면서 적그리스도의 '후 3년 반'이 시작되어 '이스라엘에게 제사와 예물을 금지시키고(단9:27)' 이스라엘을 핍박하며(계12:6-17), 전 세계 사람들로 하여금 '사단의 인'인 짐승의 표 666을 강제로 받게 하는 대 환난(계13:16-18)이 시작되는 것입니다. 다시 말하면 예수님의 '공중 강림'과 신부들의 휴거는 일곱째 나팔이 불리기 직전에 있는 것입니다. 그렇게 되면 모든 성도들이 다섯째 나팔 재앙인 '황충 재앙'을 통과하게 되는데, 신부 예복은 입었지만, '이마'에 '하나님의 인침'을 받지 못한 저는 황충에게 쏘여서 다섯 달 동안 지옥과 같은 고통을 받게 되는 것이었습니다. 그렇기 때문에 성령님께서는 무지한 저를 긍휼히 여기시고 '이마'에 '하나님의 인침'을 받으라고 말씀하셨던

것이었습니다.

이것을 깨닫게 된 저는 간절한 마음으로 기도하였고, 결국은 '이마'에 '하나님의 인침'을 받게 되었으며, 그 후 기도할 때 성령님께서는 "아들아, 너는 '신부 예복'을 입은 데다가 '이마'에 '하나님의 인침'까지 받았으므로 휴거 1순위가 되었다. 계속해서 거룩함 가운데 깨어 있으면서 다른 성도들도 '이마'에 '하나님의 인침'을 받도록 전하라"고 말씀하셨습니다.

무지한 저를 긍휼히 여기셔서 '이마'에 '하나님의 인침'을 받는 은혜를 주신 주님을 찬양합니다. 할렐루야!

2) 윤** 집사

박목사님께서 "이 마지막 때 이기는 자가 되어서 첫째 부활에 참여하기 위해서는 반드시 '이마'에 '하나님의 인침'을 받아야 하는데, 9월에 서사라 목사님께서 오셔서 집회를 하시므로, 그 때 꼭 '이마'에 '하나님의 인침'을 받으라"고 권면해주셔서 서사라 목사님 집회 시간마다, 밤 집회는 물론이고, 낮 집회 시간에도 사무실에 외출을 달고 '이마'에 '하나님의 인침'을 받으리라는 사모하는 마음으로 참석했다.

서목사님께서는 "하나님의 인을 받으려면 철저히 회개하고, 주님을 위해 죽으면 죽으리라는 각오하고, 세상에 대한 욕심을 버리고, 오직 하나님만 바라보아야 한다."고 말씀을 전하신 뒤 다 같이 통성 기도를 하라고 하셔서 나는 간절한 마음으로 기도하고 있는데 "주님을 위해 죽으면 죽으리라 결단하신 분들은 단상에 나와 기도하라."고 하셔서 난 성큼 단상에 나가서 철저히 회개하며 주님을 위해서 죽으면 죽으리라는 각오를 하며 '이마'에 '하나님의 인침' 받기를 간절히 사모하며 기도했다. 단상에 나가서 기도를 마친 뒤 서사라 목사님은 "정말로 예수님을 위해서 죽으면 죽으리라 결단을 하고 단상에 나와서 기도한 사람들은 거의 다 '하나님의 인'을 받았다."고 말씀하셨다. 내가 단상에 올라가서 기도할 그 당시 특별한 느낌은 없었지만 집회를 마치고 금요 심야 기도회 때 박목사님께 기도를 받았을 때 "서목사님 집회 때 죽으면 죽으리라는 각오로 단상에 나가 기도했을 때 '하나님의 인'을 받았다고 성령님께서 말씀하십니다."라고 하셔서 '이마'에 '하나님의 인침'을 받았음을 믿게 되었으며, "2022년 12월 18일 주일 밤 신부단장 집회 때 강사로 오실 김*숙 목사님은 영안이 열려서 '이마'에 '하나님의 인침'을 받았는지 안 받았는지, '신부 예복'을 입었는지 안 입었는지 보시는 분이므로 '이마'에 '하나님의 인침'을 확실히 받았는지 한 번 더 확인해보라"라고 박목사님께서 말씀하셨는데, 김*숙 목사님이 말씀을 전하시고 개인 기도를 해주시는데, 내가 아무 말도 안 했음에도 불구하고, 날 보자마자 '이마'를 막 만지시며 "여기 십자가가 있네"라고 말씀해주시면서 나에게 '이마'에 십자가가 있는 것을 알고 있느냐고 말씀하셨다. 할렐루야! 내가 물어보지도 않았는데 김*숙 목사님을 통해서 내가 '이마'에 '하나님의 인침'을 받았음을 다시 확인시켜 주신 주님께 감사를 드린다.

이 마지막 때에 이기는 자가 되기 위해서 반드시 받아야만 하는 '하나님의 인치심'에 대하여 깨닫게 하시고, 기도하게 하시고, 집회를 통해서 '이마'에 '하나님의 인침'을 받게 해주시고, 김*숙 목사님을 통하여 '이마'에 '하나님의 인침'을 받았음을 확인시켜 주신 주님께 감사를 드린다. 할렐루야!"

3) 이ㅇㅇ 성도(선교사 후보생)

서사라 목사님 집회를 통해서 '하나님의 인'에 대해 알게 되었다. '마지막 시대에 그저 깨어 있는 신앙으로만 살면 되는 것 아닌가?'라고 생각했지만 요한 계시록 말씀에 분명하게 '하나님의 인'과 '황충 재앙'에 대한 경고의 말씀을 보고 경각심을 가지게 되었다. 그래서 나 또한 '하나님의 인'을 받고자 기도하였는데, 처음에는 향방 없이 기도만 했던 것 같다. 하지만 집회 때 목사님께서 '하나님의 인' 받을 조건을 말씀해주셨는데 그 중에서 마음에 가장 찔림이 되고 동시에 감동이 되었던 조건은 순교의 각오 즉 예수님을 위해 죽으면 죽으리라는 신앙을 갖춰야 한다는 것이었다.

나름대로 신앙생활을 하고 선교까지 다녀왔던 터라 당연히 순교의 각오가 되어 있다고 생각했지만, 내 자신을 깊이 돌아볼 때 순교적인 신앙이 준비되어 있지 않았음을 깨달았고 철저히 회개하며 순교적인 신앙이 갖춰지도록 기도하였다. '하나님의 인' 첫 집회에 참석했을 때에는 '인'을 받지 못했었다. 하지만 두 번, 세 번, 네 번, 계속해서 사모하는 마음으로 집회에 참석하자 '하나님의 인'을 받고자 하는 마음이 더욱 부어지기 시작했다. 그러던 중 2024년도 하반기에 서사라 목사님께서 온비 교회에 오셔서 '하나님의 인' 집회를 하셨을 때 드디어 '하나님의 인'을 받게 되었고 온비 교회 목사님을 통해 확인받게 되었다. (**목사님은 성령님께서 말씀하신 것을 들으신 후에 알려주신다**)

그 후 마음에 있던 '황충 재앙'에 대한 두려움이 완전히 떠나가게 되었고, '하나님의 인'을 받고 끝난 것이 아니라, '하나님의 인' 받을 조건의 삶으로 계속해서 신앙 생활해야 한다는 마음이 부어졌다. 사도바울의 고백처럼 '나는 날마다 죽노라'의 고백 없이는 이 죄악 된 시대를 믿음으로 이기며 살아갈 수 없고, '하나님의 인' 받은 성도로써의 삶을 살아갈 수 없음을 깨닫는다. '하나님의 인'을 받은 뒤, 더욱 순교의 각오로 신앙생활을 할 수 있게 됨이 감사하다. 혹시 아직 '하나님의 인'을 받지 못한 성도들 가운데 계시록 말씀에 대한 거룩한 두려움이 있다면, 두려움을 완전히 물리쳐주는 '하나님의 인'을 받길 소망한다.

4) 심 권사**

저는 지인을 통해 온비 교회 '신부 단장 예배'에 참석하게 되었습니다.

저는 영적인 갈급함과 사모함이 있었는데 본 교회에서 들을 수 없는 영적인 말씀을 들음으로써 영이 살아나는 듯 너무 좋았고 은혜가 되었습니다. 목사님의 설교를 통하여 '신부 예복'에 대하여 알게 되어서 '신부 예복'을 사모하며 기도하였는데, 주님께서 부족한 저에게 '신부 예복'을 입혀주시는 은혜를 주셨습니다. 부족한 제가 감히 '신부 예복'을 입게 되자 저는 너무나 감사하고 좋아서 다음 날 아침까지 뜬 눈으로 보내게 되었습니다.

그리고 목사님이 쓰신 책과 설교 말씀을 들으면서 '하나님의 인'에 대하여 알게 되었으며, '황충 재앙'에서 보호받기 위해서는 반드시 '이마'에 '하나님의 인'을 받아야 함을 알게 되었고, '신부 예복'을 입기 위하여 40일 작정 금식(월/수/금 금식)을 해 왔는데, '하나님의 인'도 받을 수 있도록 계속 금식하며 눈물로 회개하였고, 세상 욕심, 세상 사랑 버리고 주님만 바라보며 살겠노라 다짐하고 결단하며, 목에 칼이 들어와도 주님 버리지 않겠노라, 죽으면 죽으리라 결단하며 기도하고 온비 교회 '하나님의 인' 집회에 참석하여 오직 예수님만 바라보고, 예수님을 위하여 죽으면 죽으리라는 순교적인 신앙으로 살겠다고 간절히 기도하였는데, 목사님께서 오셔서 "성령님께서 '하나님의 인'을 받았다고 하십니다."라고 말씀해 주셨습니다. 한없이 부족한 저에게 '하나님의 인'을 받게 해주신 주님, 감사드립니다.

이 마지막 때, 많은 사람들이 황충 재앙으로부터 보호받기 위해서 반드시 '하나님의 인'을 받아야 함도 모르고, 예수님의 '공중 강림'을 준비하기 위하여 '신부 예복'도 입어야 함을 모릅니다. 이런 것들에 대하여 말을 하면 이단시하고 있습니다.

이 마지막 시대에 주님의 오심을 잘 준비하며 휴거에 참여함으로써 첫째 부활에 참여하는 복 있는 자로, 거룩하게 살고자 다짐하고 결단하며 많은 영혼들이 '황충 재앙'과 '하나님의 인'에 대하여 깨닫고, 모든 성도들이 '하나님의 인' 받는 은혜를 주시라고 기도합니다.

영적으로 깨어 있는 온비 교회를 알게 하시고, '하나님의 인'과 '신부 예복'에 대하여도 알게 하시고, 두 가지를 갖추게 해주신 주님, 감사합니다. 주님 사랑합니다~~

5) 이OO 선교사

파송교회 목사님이신 박요셉 목사님이 비행기 티켓을 보내주시면서까지 서사라 목사님의 집회에 참석하도록 하셔서 아내와 같이 참석하게 되었는데, 그 집회에서 '하나님의 인'에 대한 메시지를 처음 듣게 되었고, 그 내용이 다소 생소하기는 하였지만 성경을 바탕으로 한 해석과 간증을 들으면서 저 역시 '하나님의 인'을 사모하며 참석자들과 같이 기도하게 되었습니다. 그 집회에서는 서사라 목사님이 '하나님의 인'을 받은 사람들에 대하여 언급이 없었지만, 집회를 다녀온 후 박요셉 목사님께서 "성령님께서 '하나님의 인을 받았다'고 말씀하십니다."라고 말씀해주심으로써 '하나님의 인'을 받았음을 확인해 주셨습니다. 제 눈에는 '하나님의 인'이 보이지는 않더라도 목사님을 통해 확인된 '하나님의 인치심'을 믿음으로 받게 되었습니다. 마지막 시대에 프론티어 미션 필드에서 사역하는 선교사로서 '하나님의 인치심'을 의지하고 선교 현장의 여러 어려운 상황에 흔들리지 않고 믿음과 소망과 사랑의 사역을 감당할 수 있어서 감사드립니다.

6) 이대한 청년(장애우)

박요셉 목사님께서는 제가 철저히 회개하고 변화되도록 한 끼 금식 '40일 작정 기도'를 하도록 하셨는데, 기도하는 과정에서 받은 은혜를 말씀드립니다.

첫 번째 〈한 끼 금식 40일 작정 기도〉를 마치자 목사님은 두 번째 〈한 끼 금식 40일 작정 기도〉를 하라고 하셨고, 두 번째 〈한 끼 금식 40일 작정 기도〉를 마치자 목사님은 세 번째 〈한 끼 금식 40일 작정 기도〉를 하게 하셨는데, 세 번째 〈한 끼 금식 40일 작정 기도〉를 하는 중에 온비교회에서 서사라 목사님을 모시고 집회할 때 저는 교회에 참석하여 은혜를 받고 싶었지만, 부모님이 교회 가는 것을 허락하지 않아서 어쩔 수 없이 모든 집회를 온라인으로 참여했었는데, 마지막 날 밤에 서사라 목사님께서 '하나님의 인'에 대하여 설교를 마치시고 통성으로 기도하는 시간에 "죽으면 죽으리라 하고 결단하면서 기도하라"고 하셨을 때, 그동안 제가 지었던 죄를 눈물로 철저히 회개하며 다시는 죄를 반복하지 않겠다고 결심하고, 결단하고 기도하고 있는데, 갑자기 예수님께서 천사들과 함께 제 방에 오신 것이 보였습니다. 그런데 예수님께서 제게 오셔서 '이마'에 십자가를 그려 주셨습니다. 집에서 온라인으로 집회를 참여했는데도 주님께서는 제가 '이마'에 '하나님의 인'을 받는 은혜를 베풀어주셨습니다. 할렐루야~~!!

그리고 네 번째 〈한 끼 금식 40일 작정 기도〉 중, 온비 교회에서 신부 단장 집회할 때도 온라인으로 참여했는데, 박요셉 목사님께서 "철저히 회개하고, 결단하면서 기도하라"고 하실 때 눈물로 회개하며, "예수님, 저 예복 입고 싶어요. 저 정말 주님의 거룩한 신부로 살겠습니다." 라고 기도하고 있는데, 갑자기 제 방에 예수님께서 천사들과 함께 또 오셔서 신부 예복을 입혀 주셨습니다. 할렐루야!

제게 놀라운 일을 행하신 예수님을 찬양합니다~

7) 신** 성도(선교사 후보생)

저는 결혼한 뒤 남편을 따라 온비 교회로 옮기게 되었는데, '하나님의 인'과 '신부 예복'이란 말을 처음 듣게 되었고 제 안에 불신과 거부감이 가득했습니다. 왜냐하면 제가 신앙생활 했던 교회에서, 20여 년의 기간 동안 "이마에 '하나님의 인침'을 받고, '신부 예복'을 입어야 한다."는 설교를 단 한 번도 들어보지 못했기 때문이었습니다. 그리고, 신학에 대해서 잘 알지 못하였지만, 이것이 교리적으로 맞는 것인지, 맞다면 왜 대부분의 교회들은 '하나님의 인'과 '신부 예복'에 대해서 이야기하지 않는 것인지에 대한 의문이 늘 있었습니다.

'하나님의 인'과 '신부 예복'에 대해서 풀리지 않는 어려움이 있는 가운데 2년의 단기 선교를 결단하고 나갈 때, 온비 교회에서는 저희 부부가 '하나님의 인'을 받고 '신부 예복'을 입은 후 파송받도록 기도하고 있다는 걸 알았음에도 제 스스로가 옳다 여기며 '이마'에 '하나님의 인침'을 받는 것과 '신부 예복'을 불신한 채 선교지로 나가게 되었습니다.

그런데 일이 꼬여서 선교지 현장에서 거주증이 나오지 않고, 공동체의 문제, 기타 여러 가지 문제들로 인해 다시 국내로 돌아오게 되었습니다.

국내로 돌아온 저는 저의 계획대로 되지 않은 것에 대한 실패감과 무력감, 그리고 개인적인 삶의 문제로 인생에서 가장 어려운 시기를 보내게 되었습니다.

제 안의 어디서부터 무엇이 잘못된 부분이 있었을까, 하나님 앞에 죄를 자복하며 애통함으로 기도했습니다.

그때 제 안에 예수님이 피 값으로 사신 교회에 대해 순종하지 않은 저의 태도를 깨닫게 하셨고, '하나님의 인'과 '신부 예복'이 하나님의 사역이라는 마음이 들었습니다.

하나님께서 제 삶에서 '하나님의 인'과 '신부 예복'의 문제를 해결해 주시기 원하시고, '하나님의 인'과 '신부 예복'의 문제가 현재 내 삶에서 풀어야 할 가장 큰 일이라는 것이 깨달아졌습니다.

그래서 그 이후로 온비교회에서 하는 '하나님의 인'과 '신부 예복' 집회에 이전과는 다른 열린 마음으로 참석하기 시작했습니다.

회개를 잘 찾아보기 힘들었던 저의 삶이 매일 회개로 채워지기 시작했고, 주님께서 저의 완고한 태도와 마음을 조금씩 깨뜨려주시기 시작했습니다. 그러면서 하나님을 사랑함으로 '신부 예복' 입혀주시길 소망하게 되었습니다.

주일 밤 '신부 예복' 집회 가장 마지막 순서로 예복을 입기 소망하는 사람들이 나와 기도하는 시간이 있는데, 그전에는 한 번도 앞에 나가서 기도한 적이 없었습니다. 그전에는 예복을 입기를 소망하는 마음이 없었기 때문입니다.

하지만 하나님께서 깨닫게 해주시고 난 후, '신부 예복'을 소망함으로 처음 나가서 기도하게 되었습니다. 그리고 그날, 감사하게도 하나님께서 저에게 '신부 예복'을 입혀 주셨습니다.

'신부 예복'을 입는 것이 쉽지 않다는 이야기를 들어서 제 자신 스스로도 쉽지 않을 것이라는 생각이 참 많았었는데, 이마에 '하나님의 인침'을 받는 것과 '신부 예복'을 입는 것이 온전히 하나님의 주권이고 은혜라는 것을 깨달았습니다.

하나님의 은혜로 '신부 예복'을 입은 후 이전과 달라진 저의 삶이 있다면, 거룩하신 하나님을 닮아가길 소망하며 거룩하신 하나님을 닮아가도록 애쓰는 내 자신이 되었고, 죄에 대해 경각심을 가지고 매일 회개함으로 주님께 기도하는 시간을 갖게 되었습니다.

그리고, '신부 예복'을 입은 성도들에게는 하나님께서 신부의 삶을 살 수 있도록 돕는 천사를 보내주신 다는 말씀을 들었습니다. 그래서 이전보다 더 큰 하나님의 지키심과 보호하심 아래에 있음을 믿고, 주 안에서 죽도록 충성하며 선교 사명을 이뤄가기를 다시 한번 결단하게 되었습니다.

마지막 시대, 거룩한 주님의 신부로 주님 오실 그 날을 고대하며 달려가길 소망합니다.

(p.s. 말씀 중심의 교회에서 신앙생활 했던 신** 청년이 결혼하고 남편을 따라서 영성 중심인 온비 교회에 왔을 때, 영적인 문화충격이 상당히 컸을 것입니다. 그래서 영성 사역을 거부하는 신** 자매의 모습을 보는 저의 마음은 이해가 되면서도 마음이 많이 아팠습니다. 하지만 저는 아무 말을 할 수도 없었습니다. 영성 중심의 온비 교회의 문화를 받아들이는 데에는 시간이 필요하기 때문에, 저는 아픔 가운데 기도하며 기다릴 수밖에 없었습니다. 그러던 중 '신부 예복' 집회 때 '신부 예복'을 입기 위하여 앞에 나와서 기도하는 신** 자매를 위하여 기도해주러 갔을 때 천사가 신** 자매 뒤에서 예복을 들고 서 있는 것을 보았습니다. '신부 예복' 집회할 때 예복 입을 준비가 된 성도들에게는 천사들이 와서 즉시 예복을 입혀 줍니다. 하지만 2% 부족한 성도들에게는 천사가 그 성도 뒤에서 예복을 들고 서 있는데, 더욱 간절히 회개하며 사모함으로 기도하여 2%가 채워지면 '신부 예복'을 입혀 주지만, 만약 2%가 채워지지 않으면 다시 예복을 갖고 천국으로 가버립니다. 그래서 저는 신** 자매에게 가서 "더 간절히 기도하거라"라고 외치며 간절히 기도해주었습니다. 이렇게 하기를 여러 번... 마지막으로 한 번 더 가서 기도해줄 때 성령님께서 "예복 입었다."라고 말씀해주셨고, 그 후에도 여러 번 기도했을 때 성령님께서 동일하게 "그 집회 때 신부 예복 입었다"라고 말씀해주심으로써 신** 자매가 확실히 '신부 예복'을 입었음을 확신하였습니다.

신** 자매에게 놀라운 일을 행하신 주님을 찬양합니다. 할렐루야!)

8) 김 ** 목사

지금부터 10년 전의 일입니다. 저는 유튜브를 한 번도 본 적이 없는데, 하루는 우연히 유튜브를 보게 되었습니다. 그런데 그 유튜브에서 서사라 목사님의 '짐승의 표'에 대한 말씀을 듣게 되었는데, '이제는 한국에 이런 이단까지도 나오는구나…'라는 생각이 들었지만, 가민히 들어보니 맞는 말씀인 것 같았습니다. 그래서 심각하고 진실하게 예수님께 물어보았습니다.

"예수님, 서사라 목사님의 '짐승의 표'가 맞는 말씀입니까? 사실입니까?"

그때 갑자기 내 입술이 성령님께 사로잡혀서 몇 분 동안 계속해서 "사실이다, 진실이다, 믿어라!"라는 말이 나의 의지와 상관없이 계속해서 나오고 있었습니다. 그래서 서사라 목사님의 유튜브를 보았고, 책을 사서 보기도 했습니다.

서사라 목사님의 책을 통하여 '하나님의 인'에 대하여 알게 된 나는 '이마'에 '하나님의 인침'을 받기 위해서 서 목사님이 쓴 '지옥 간증' 책을 읽으며 어렸을 때부터 그때까지 살아오며 지은 죄들이 생각나는 대로 하나하나씩 조목조목 회개하였고, 어떤 죄들은 눈물을 흘리며 간절히 회개하며 '이마'에 '하나님의 인침' 받기를 사모하였습니다. 그러던 중 서사라 목사님의 집회에 참석하였는데, 내가 과연 '이마'에 '하나님의 인침'을 받았는지 궁금해서 서사라 목사님께 물어보았더니, 서사라 목사님이 내 '이마'를 보시더니 "목사님은 '이마'에 '하나님의 인침'을 받으셨습니다."라고 말해주었습니다. 하지만 나는 그 말씀을 완전히 믿지 못하고 '긴가민가'하며 지냈습니다

그리고 서사라 목사님의 책을 통하여 '신부 예복'에 대하여 알게 된 저는 8년 전부터 나현숙 목사님의 '신부 단장 집회'에 참석하여 죄에 대하여 심한 통곡과 눈물로 회개하며 '신부 예복' 입기를 간절히 기도하였는데, 집회 후에 나현숙 목사님이 제 앞으로 오셔서 "목사님은 신부 예복 입으신 것이 보입니다"라고 말씀해 주셨습니다.

그리고 시간이 흘러 결혼하였고, 아내와 같이 온비 교회 '하나님의 인' 집회에 참석하여 간절히 회개하며 기도했을 때 온비 교회 박 목사님께서 저와 아내에게 "두 분은 이미 '이마'에 '하나님의 인침'을 받았다고 성령님께서 말씀하십니다."라고 말씀해주셨습니다.

그리고 약 2주 후에 온비 교회 '신부 예복' 집회에 참석하였는데 온비 교회 박목사님이 또 저와 아내에게 오셔서 "두 분은 이미 '신부 예복'을 입으셨다고 성령님께서 말씀하십니다"라고 말씀해

주셔서 저는 비로소 '이마'에 '하나님의 인침'을 받았고, '신부의 예복'도 입었음을 확신하게 되었습니다. 할렐루야!

뒤돌아보니 '이마'에 '하나님의 인침'을 받는 것이 정말 쉽지 않았습니다.

그래서 '하나님의 인침'을 받고 '신부 예복'을 입은 후에는 말도 함부로 하지 않게 되고, 행동은 물론이고 생각까지도 거룩하게 살려고 몸부림치는 나를 보게 되었고, 특히 나를 부인하며 예수님을 더욱 깊이 사랑하는 삶을 살려는 내자신을 보게 되었습니다.

부족한 저에게 '하나님의 인'과 '신부 예복'에 대하여 알게 해주시고, '이마'에 '하나님의 인침'을 받게 해주시고, '신부 예복'을 입혀 주신 주님께 감사드리며, 살든지 죽든지, 먹든지 마시든지 오직 주님의 영광을 위하여 사는 제가 되겠습니다. 할렐루야!

9) 성** 성도

저는 박요셉 목사님의 「주님 오시리 곧 오시리」 책을 선물로 받아 보게 되면서, '하나님의 인'에 대해 처음으로 알게 되었고, 책에서 목사님이 언급하신 서사라 목사님의 책 「하나님의 인」 도 연달아 읽게 되었습니다. 그렇게 두 권의 책을 읽으면서 지금이 정말 마지막 때라는 것이 절실하게 깨달아지고, 주님 오심을 간절히 사모하게 되었습니다.

그 당시 '하나님의 인'을 받고자 하는 소망이 얼마나 간절했던지, 혼자 골방 기도 시간에 '이마'에 '하나님의 인침'을 받게 해달라고 울부짖던 순간들이 있었습니다. 사랑하는 가족, 친척들을 생각하며 함께 '이마'에 '하나님의 인침' 받기를 소망한다고 간구하던 때였습니다.

그러던 중 나현숙 목사님의 '신부 예복' 집회가 있다는 것을 알게 되었고, '신부 예복' 입기를 더 소망하며 회개의 영을 계속 부어주시길 간구했습니다. 하나님 앞에 나아갈수록, 더 거룩해지고자 하는 소망이 생길수록 더욱 더 드러나는 저의 죄성들과 연약함에 몸부림칠 수밖에 없는 시간들이었습니다.

집회에 참석하게 되었고 기도 시간이었습니다. 사랑이라는 명분으로 자녀들을 통제하려 했던 죄, 믿음이 연약한 가족들을 닦달하고 다그쳤던 죄들, 내 생각이 옳다며 다른 사람들을 판단하고 정죄하는 칼을 들고 있었던 죄들을 눈물로 통회하며 자백하였습니다. 난 분명히 하나님의 자녀인데, 그러면 사랑의 하나님이신 아버지 성품 닮는 것이 마땅한데, 난 왜 여전히 아버지 시선인 긍휼의 마음으로 영혼들을 바라보지 않고, 품지 못하는지 가슴을 찢으며 회개하였습니다. 나의 심장을 아버지 것으로 바꿔 달라고, 아버지 닮은 딸이 되게 해달라고 가슴을 치며 회개하고 간구하였습니다. 나는 이미 이 세상 모든 것의 주인이신, 그래서 뭐 하나

부족할 것 없는 하나님 아버지의 딸인데, 난 왜 거리에 내몰린 부랑아 마냥 세상 헛된 것을 구걸하며 남의 것 탐내고 살았는지... 아버지 딸답게 살지 못한 모습이 너무 죄송스럽고 스스로도 안타까워 엉엉 울고 회개하였습니다.

   그렇게 울며 회개하는 나의 모습을 주님께서 긍휼히 여기셨는지, 부족한 저에게 주님께서는 은혜로 '신부 예복'을 입혀주셨습니다.

   나를 자녀 삼아 주셨고, 예수님의 제자로 부르셨고, 신부 삼아 주셨음에 감사합니다. 그리고 이제는 그리스도의 군사로의 부르심에 주님의 멋진 군사가 되길 소망합니다. 그동안 주님의 사랑의 품 안에 충분히 품어 주셨으니, 이제 저의 남은 삶은 온전히 주님께 드리길, 십자가 좁은 길에서 연단 받고 훈련받아, 나를 이 땅에 보내실 때의 하나님 아버지 마음을 헤아려, 보내신 바 주님 뜻대로, 사명대로 살아가게 되길 소망합니다. 내가 가진 모든 것 사실 다 주님께서 주신 것이라, 사실 나의 것으로 드릴 수 있는 것 아무 것도 없지만, 우리의 작은 순종에도 기뻐하시는 주님이시기에, 주님의 군사로 적진에 우리 주님 승리의 깃발을 꽂는 자로 훈련시켜 주시기를, 그렇게 잃어버린 영혼들 향해 눈물지으시는 주님의 눈물을 닦아 드리는 자가 될 수만 있다면, 그렇게 나에게 허락하신 마지막 날 숨 내쉬는 그 순간까지, 그렇게 주님의 품에 안기는 순간까지 단 한 순간도 주님 눈물짓게도, 눈살 찌푸리게도, 마음 아프시게도 하지 않도록 지켜 주시길. 그것이 오늘 저의 기도 제목입니다.

저에게 허락하신 오늘 하루 지금 이 순간도, 가는 곳마다 듣는 것마다 보는 것마다 이끄시는 주님 사랑이 느껴져 계속 눈시울이 붉어집니다. 주님을 앙망합니다. 마라나타!

(시 130:6) 파수꾼이 아침을 기다림보다 내 영혼이 주를 더 기다리나니 참으로 파수꾼이 아침을 기다림보다 더하도다.

사랑하는 성도들이여, 지금은 예수님께서 '하나님의 인'을 받을 조건이 갖추어진 성도들에게 천사들을 보내셔서 성도들의 '이마'에 '하나님의 인침'을 받게 하고 계시는 때입니다. 다섯째 나팔 재앙인 '황충 재앙'이 이제 곧 오게 됩니다. '황충 재앙'으로부터 보호받기 위해서는 반드시 '이마'에 '하나님의 인침'을 받아야 하며 (계9:4), 적그리스도가 '사단의 인'인 666표를 강제적으로 받게 하는 대 환난 때, 666표를 거절하여 '이기는 자'가 되어서 '알곡'으로 추수되기 위해서는 반드시 '이마'에 '하나님의 인'을 받아야 합니다. 모든 성도들이 속히 '이마'에 '하나님의 인침'을 받고, 더 나아가 '신부 예복'까지 입고, 철저히 회개하며 '신부 예복'을 빛나고 깨끗한 상태로 유지하여 예수님께서 공중에 강림하실 때 반드시 휴거될 수 있기를 간절히 바랍니다.

제 5 장

박요셉 작곡 CCM 악보 모음

1. 연약한 우리 인생

박요셉 작사/곡

이 곡은 두 번의 뇌출혈로 인해 극심한 고통 가운데에서 있었던 박목사가 연약한 육체 가운데 순간순간의 고통과 싸우며, 감사하고, 철저히 회개하고, 간절히 기도하며 고백한 내용을 담은 곡입니다.

예전에 성령님께서 "네게 다윗의 찬양의 기름부음을 부었다"라고 말씀하신 적이 있습니다. 그 음성을 들은 저는, 제가 비록 음악을 전공하지 않아서 많은 것이 부족하지만, 그래도 새로운 찬양을 통하여 예수님을 마음껏 찬양할 수 있음에 기뻐하고 감사했습니다.

하지만 갑자기 뇌출혈로 인하여 2주 동안 병원에 입원하였고, 특별히 3일 동안 지옥에 간 것과 같은 고통의 터널을 통과하면서 깨닫게 된 것이 있습니다.

다윗의 찬양은 삶이 평탄하고 모든 것이 안정되어 마음이 평안하고 여유 있는 가운데 찬양한 것이 아니라는 것입니다. 물론 시23편과 같이 목가적인 찬양도 있지만, 대부분의 다윗의 찬양은 수많은 고난과 어려움과 생명의 위기들, 극심한 영적/정신적/육체적 고통과 아픔, 대적들의 공격으로 인해 죽을뻔한 상황들, 그리고 너무 큰 환난과 고독 가운데 영적으로 하나님께로부터 버림받은 것과 같은 느낌의 상황 등 처절한 고난의 삶에서 몸부림치며 기도하는 가운데 만들어진 것들이라는 것입니다.

다윗의 찬양의 기름 부음은 단순히 몇 시간 기도하다가 성령의 감동받아서 만들어지는 것이 아니고, 다윗과 같은 수많은 고난의 상황들을 경험하게 함으로써 곡을 만들게 하고, 찬양하게 하신다는 의미였습니다.

이 곡은 바로 그런 곡입니다. 뇌출혈로 인해서 극심한 육체적 고통 가운데, 입술로 범죄하지 않도록 고통과 싸우며 수 없이 회개하며 기도하고 고백한 내용을 담아보았습니다.

저 자신이 부족해서 그 크신 하나님의 은혜를 모두 담아 표현할 수 없음에 죄송한 마음이지만 그래도 주님께서 영광을 받으시길 원합니다.

2. 십자가 십자가

박요셉 작사/곡

3. 은혜만을 구합니다

5. 예수님 사랑합니다

박요셉 작사/곡

6. 하루 시작 할 때에 기도하고 있나요

박요셉 작사/곡

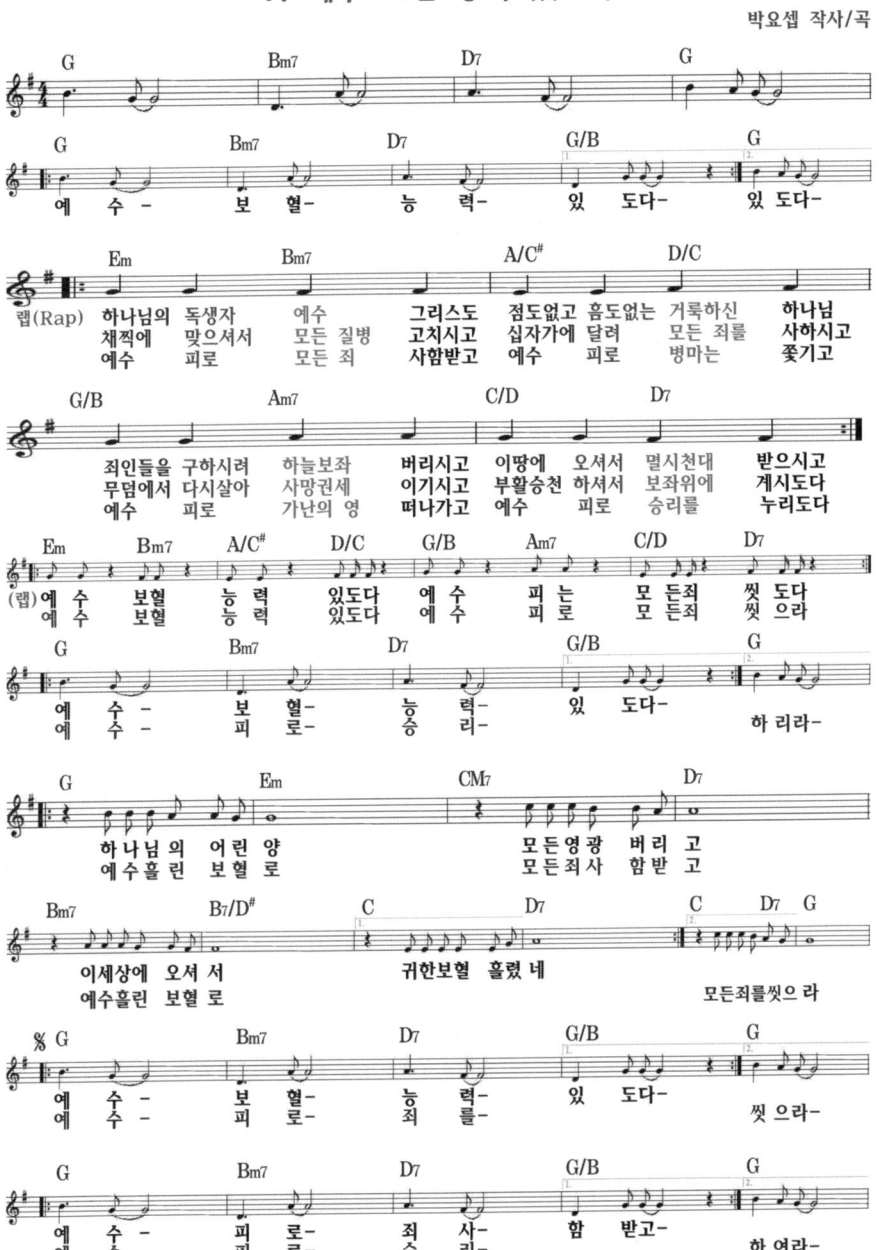

8.정결케 하소서 나의 영혼을

9. 주의 보혈 내 마음에 흐르니

박요셉 작사/곡

11. 이 세상 무엇보다 아름다운 주 이름

박요셉 작사/곡

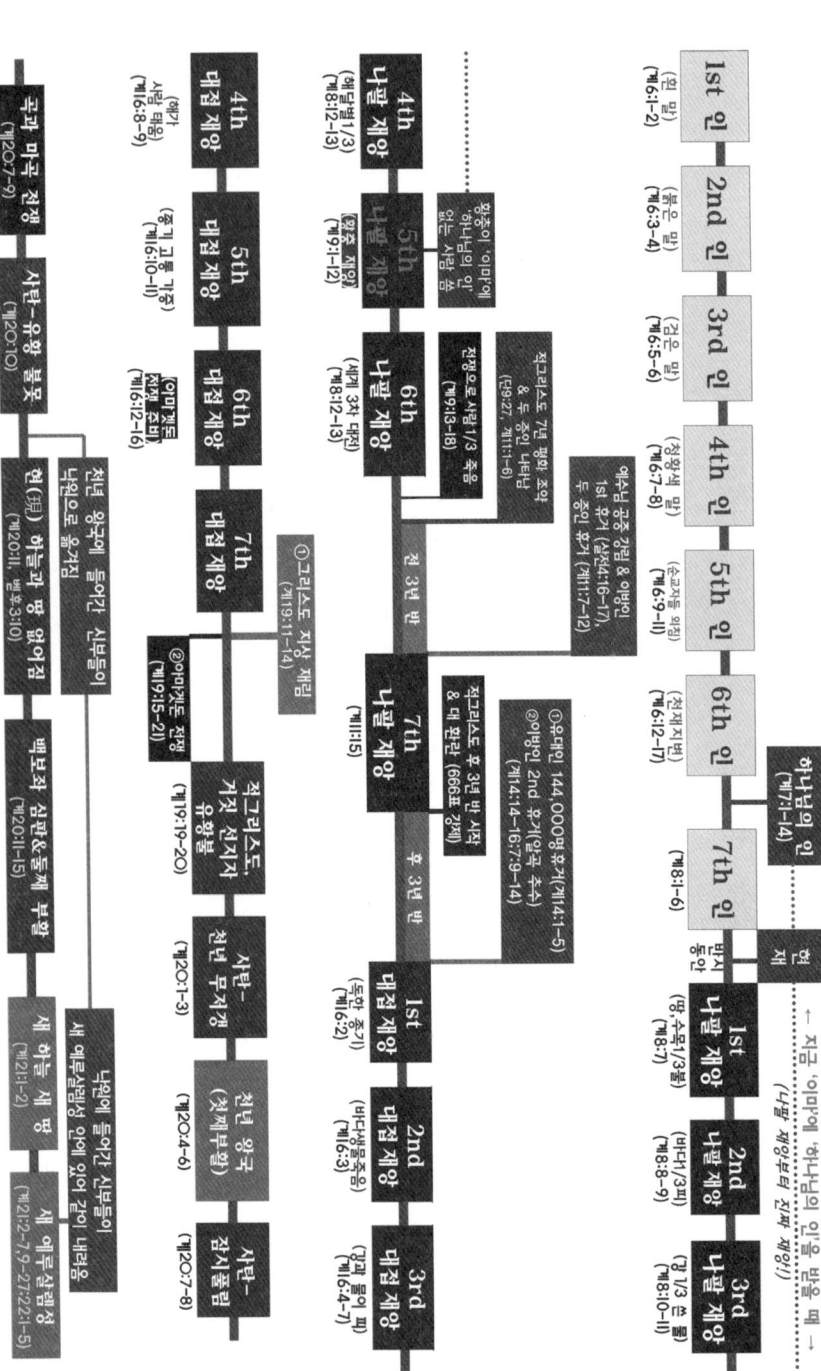

제 6 장 책 표지 설명

이 책 표지의 이미지는 이번에 쓴 책의 내용을 압축한 것입니다. 이것을 만들었을 때 성령님께서 "아들아, 수고했다~ 잘 만들었다~ 이것을 통하여 많은 성도들이 '이마'에 '하나님의 인침'을 받음으로써 '황충 재앙'으로부터 보호받게 될 것이다."라고 말씀하셨습니다. 제가 전문 그래픽 디자이너가 아니어서 좀 어설프지만, '황충 재앙'에 대하여 전하기 위하여 8시간 동안 AI와 씨름하면서 만든 것입니다. 이 표지 속에 담긴 내용을 설명드리겠습니다.

1. 중앙에 있는 흉측하게 생긴 것:

'다섯 번째' 나팔이 불려질 때 무저갱에서 올라오는 황충들의 대장인 '아볼루온(혹은 아바돈)'입니다(계9:1-3,11).

2. 황충 주위의 사람들:

'다섯 번째' 나팔이 불리자 무저갱에서 나온 황충들이 일시에 전 세계에 풀어지는데, 황충들은 전 세계에 다니면서 '이마'에 '하나님의 인침'을 받지 않은 모든 사람들의 '이마'를 전갈이 쏘는 것과 같이 쏘는데, 그 고통은 날카로운 바늘로 수천, 수십만, 수백만 번을 찌르는 것과 같은 고통으로 무려 '150일' 동안 계속됩니다. 이 '150일' 동안에는 아무리 진통제를 먹어도, 아무리 간절히 기도해도, 아무리 회개해도, 아무리 예수님의 피를 뿌려도, 아무리 축사를 해도 효과가 없습니다. 하나님께서 죽음조차도 허락하지 않으시기 때문에(계9:6), 죽지도 못하고 무려 '150일' 동안 고통을 견뎌야 합니다(계9:5).

3. '이마'에 십자가가 있는 사람들:

'하나님의 인침'은 계14:1-5의 신앙이 갖춰진 성도들의 '이마'에 십자가로 영적 도장을 찍어주시는 것인데, 이렇게 '이마'에 '하나님의 인침'을 받은 모든 성도들은 '황충 재앙' 때 보호하심을 받게 됩니다. 이것은 마치 이스라엘 백성들이 출애굽 할 때 좌우 설주와 인방에 어린양의 피를 바른 사람들이 보호받는 것과 같은 것입니다(출12:6-7).

계 9:3-4 '이마'에 '하나님의 인침'을 받지 아니한 사람들만 해하라 하시더라

4. '이마'에 있는 다양한 색깔의 십자가:

이마에 있는 십자가 색깔은 각 성도들의 신앙 수준에 따라서 다르게 나타나는데, '하나님의 인침'을 받기 바로 전 단계인 검은색(겔9:1-6;예비 인이라서 그림에는 넣지 않았습니다), 흰색(검은색을 받은 후 자격을 갖추었을 때 받는 인), 신앙이 더 성숙 되면 받게 되는 빨간색, 그리고 마지막으로 가장 높은 단계가 되면 십자가가 황금색으로 빛나게 됩니다. (이것은 하나님께서 저에게 주신 개인적 경험이므로 참고만 하시기 바랍니다.)

5. 배경에 있는 희미한 지구본:

나팔 재앙의 특징은 전 세계의 1/3에게 나타나는 환경적 재앙이지만(계8:7-12,9:13-15), '황충 재앙'은 전 세계, 모든 '사람들'이 직접 고통을 받는 재앙입니다.

6. '하나님의 인침'을 받는 방법:

'다섯 번째 나팔 재앙'인 '황충 재앙'으로부터 보호받는 유일한 방법은 '이마'에 '하나님의 인침'을 받는 것 외에는 없는데(계9:4), '이마'에 '하나님의 인침'을 받기 위해서는, '이마'에 '하나님의 인침'을 받은 이스라엘의 144,000명과 같은 신앙을 갖추어야 합니다(계14:1-5). '이마'에 이러한 신앙이 갖춰지도록 매일 철저히 회개하며 기도할 때, 예수님께서는 천사들을 보내셔서 '이마'에 '하나님의 인침'을 받게 해주십니다(계7:3-4).

'하나님의 인침'을 받는 사람들의 수는 이스라엘 성도들 가운데에서 144,000명이고, 이방인 성도들 가운데에서는 각 나라와 족속과 방언과 백성들 가운데에서 큰 무리가 될 것이며(계7:9-10), '이마'에 '하나님의 인침'을 받은 성도들만이 '황충 재앙' 때 보호받게 될 것이고, 더 나아가 적그리스도가 다스리는 '대 환난' 때 '666표'를 거절하고(계13:16-18), 이기는 자가 되어서 하나님의 보좌 앞에서 찬양하게 됩니다(계7:9-14).

그러므로 계14:1-5과 같은 신앙으로 살도록 철저히 회개하며, 매일 기도함으로써 '이마'에 '하나님의 인침'을 받아 반드시 '황충 재앙'으로부터 보호받고 더 나아가 '대 환난' 때 '이기는 자' 되어 예수님께서 추수하실 때 '알곡'으로 추수되어서(계14:14-16), 하나님의 보좌 앞에서 찬양하는(계7:9-14) 복된 여러분들 되기를 기도합니다.

이 책을 읽고 은혜를 받거나 감동받은 분들이 계시면,
이 책이 더 많은 성도들에게 읽혀져서 '황충 재앙'에 대하여 깨닫고,
'이마'에 '하나님의 인침'을 받음으로써 '황충 재앙의 고통'에서 보호받고,
더 나아가 적그리스도가 다스리는 '대 환난'의 때에
'이기는 자'가 될 수 있도록 후원해주시기 바랍니다.
후원해주신 물질은 이 책을 더 인쇄하여
한 영혼이라도 더 살리는 데 사용하겠습니다.

후원 계좌

*예금주 : 온누리 비전

농협 351-0987-7591-93

황충 재앙의 고통

초판 1쇄 발행   2025년 9월 20일
　　 2쇄 발행   2025년 10월 20일

지은이　박요셉
발행인　최성열
펴낸곳　하늘빛출판사
출판등록　제251-2011-38호
주소　충북 진천군 진천읍 중앙동로 16
연락처　010-2284-3007
ISBN　979-11-87175-44-5 (03230)
가격　10000 원
Copyright © 2025, 하늘빛 출판사

잘못 만들어진 책은 구입하신 서점에서 바꿔 드립니다.
정가는 뒤표지에 있습니다.